教育基本法改正問題を考える ⑥

教育基本法改正案を問う

日本の教育はどうなる

日本教育学会
教育史学会
大学教育学会
日本教育行政学会
日本教育経営学会
日本教育社会学会
日本教育政策学会
日本教育制度学会
日本教育法学会
日本教育方法学会
日本教師教育学会
日本社会教育学会
日本生活指導学会
日本道徳教育学会
日本比較教育学会

教育学関連15学会
共同公開シンポジウム準備委員会 編

学文社

まえがき

教育改革国民会議が最終報告（二〇〇〇年十二月）「教育を変える一七の提案」で教育基本法の見直しを提言して以来、見直しをめぐる議論が活発になり、「教育基本法改正問題」として、世の注目するところとなった。これに対して教育学に関連した学会は日本の今後の教育の在り方に与える影響の大きさに鑑み、危機感を募らせ、学会としても教育基本法改正問題に対してその本質を学問的に問い、それを背景に国会での慎重な審議を求めるなど、なんらかの意思表示をすることになり、「教育基本法改正問題」教育学関連15学会共同公開シンポジウム準備委員会が発足する。二〇〇二年のことである。それ以来、これまで四回の公開シンポジウム、二回の公開研究会を開催してきた。準備委員会の活動に関連して、教育学関連25学会の会長（理事長）連名による「教育基本法見直しに対する要望」を文部科学大臣と中央教育審議会会長に提出してきた。そして第四回シンポジウム開催時には佐藤学　日本教育学会長が日本教育学会歴代会長を発起人、歴代事務局長を賛同人とする「教育基本法改正継続審議に向けての見解と要望」を公表している。

教育基本法改正案が今年の通常国会に提出される可能性があるとの認識から今年の準備委員会の開催回数は多くなった。毎回、ほとんどの委員が出席している。改めてことがらの重要性と委員の危機感を強く実感した次第である。

教育基本法改正案は四月二十八日閣議決定され、即日国会に提出された。民主党は五月二十三日「日本国教育基本法案」を衆議院に提出している。五月十一日には「教育基本法改正案に関する特別委員会」が衆議院に設置され、本格的論議が開始される予定であった。しかし審議は国会を延長しないと日程的に難しいことや、小泉首相自身が会期を延長しないと判断したことから国会は六月十八日閉会し、審議は次の臨時国会で継続審議となった。

第四回シンポジウムは「教育基本法改正案と日本の教育―教育基本法改正問題を考える―」をテーマに、八月二十六日立教大学で多数の参加を得て開かれた。報告者は、西原博史（日本教育法学会・早稲田大学）、小島弘道（日本教育経営学会・筑波大学）、佐藤一子（日本社会教育学会・東京大学）、広田照幸（日本教育社会学会・東京大学）である（発表者の職はシンポジウム開催時）。

準備委員会は、シンポジウムの内容を多くの人たちに伝え、理解してもらい、さらにこれにより、慎重な審議を要望する委員会の気持ちをアピールするために緊急出版を考えた。本書は、こうした経緯を経て生まれたものである。このたびの出版はシリーズ「教育基本法改正問題を考える」の第六弾になる。なお本書の末尾には、このたびのシンポジウムに限定して「教育基本法改正案等に関する資料」を載せている。

第四回シンポジウム開催に携わった準備委員会メンバーは次の通りである。日本教育学会（小島弘道）／教育史学会（森川輝紀）／大学教育学会（本郷優紀子）／日本教育行政学会（勝野正章）／日本教育経営学会（小島弘道）／日本教育社会学会（石戸教嗣）／日本教育政策学会（浪本勝年・三上昭彦）／日本教育制度学会（桑原敏明）／日本教育法学会（安達和志）／日本教育方法学会（水内宏）／日本教師教育学会（門脇厚司）／日本社会教育学会（長澤成次）／日本生活指導学会（藤田昌士）／日本道徳教育学会（茂木喬）／日本比較教育学会（長島啓記）。準備委員会をサポートするために事務局を構成して対応した。メンバーは、小島弘道・勝野正章・三上昭彦・宮盛邦友の四氏である。

第四回シンポジウムを開催に当たり、会場をご提供いただいた立教大学、シンポジウムの進行等にご尽力をいただいた立教大学教授、近藤弘先生に心からお礼を申し上げる次第である。また準備委員会が円滑に進行し、またシンポジウムが滞りなく開催できたことは準備委員会幹事、宮盛邦友氏（立正大学非常勤講師）の労に負うところ大である。

最後に学文社の三原多津夫氏にはわたしたちの緊急出版に対してご理解いただき、出版の機会を提供していただいた。記してお礼を申し上げる。

二〇〇六年九月十日

第四回「教育基本法改正問題」教育学関連15学会
共同公開シンポジウム準備委員会
世話人　小島　弘道

教育学関連15学会
日本教育学会／教育史学会／大学教育学会／日本教育行政学会／日本教育経営学会／日本教育社会学会／日本教育政策学会／日本教育制度学会／日本教育法学会／日本教育方法学会／日本教師教育学会／日本社会教育学会／日本生活指導学会／日本道徳教育学会／日本比較教育学会

目次

開会挨拶

藤田昌士（日本生活指導学会・元立教大学）

開会に当たり、この公開シンポジウムの準備委員の一人として、ひとことご挨拶を申し上げます。

ご来場の皆様、本日、私ども教育学関連15学会共同公開シンポジウム準備委員会が「教育基本法改正案と日本の教育」と題しまして第四回共同公開シンポジウムを開催いたしましたところ、多数お集まりいただき、まことにありがとうございます。会場をご提供くださった立教大学、また本日の公開シンポジウムのために格別のご尽力をいただきました立教大学教授、近藤弘先生にも心から感謝の意を表する次第であります。

振り返ってみますと、私どもが日本教育学会の呼びかけにより教育学関連15学会共同公開シンポジウム準備委員会を発足させましたのは二〇〇二年九月のことでございました。そして「教育基本法改正問題を考える」という統一テーマのもとに「中教審『中間報告』の検討」と題して第一回公開シンポジウムを開催しましたのは二〇〇二年十二月のことでございました。この第一回公開シンポジウムの開会挨拶で、当時、日本教育学会の会長であられた寺﨑昌男先生が言われましたように、一五にものぼる教育学関連学会がこのような統一テーマのもとに共同で公開シンポジウムを行うということは、おそらく戦後初めて、戦後の教育研究史においてまさに画期的な事柄でありました。そこには、日本国憲法が掲げる理想の実現は根本において教育の力にまつべきものであるとして、一九四七年に制定されました教育基本法が変えられようとしていることについて多くの教育学研究者が抱いた憂慮あるいは危機感が反映していたと思います。

以来、準備委員会は、ひきつづき「教育基本法改正問題を考える」という統一テーマのもとに、二〇〇三年三月、「教育基本法の今日的意義」と題して第二回公開シンポジウムを、つづいて同年四月、「中教審答申の検討」と題して第三回公開シンポジウムを開催してまいりました。また、教育基本法改正案が国会に上程された場合に備えて、第四回公開シンポジウムについての一定の準備を行うとともに、過去三回のシンポジウムで出された重要な論点や課題をさらに個別的に掘り下げて検討するために、二〇〇三年八月には「制定過程をめぐる論点と課題」、同年十一月には「教育理念・目的の法定化をめぐる国際比較」をテーマとして公開研究会を開催しました。

また、共同公開シンポジウム準備委員会の活動とは相対的に独自のものでありますが、二〇〇二年十一月、中教審の中間報告が発表された段階におきまして教育学関連25学会の会長（代表理事）の連名による「教育基本法見直しに対する要望」をとりまとめ、二〇〇三年三月、当時の遠山敦子文部科学大臣、鳥居泰彦中教審会長あてに提出するという取り組みがありましたことをも申し添えなければなりません。ちなみに、その「要望」は「中教審の教育基本法見直し論議」について、「国民的合意の欠如」等々の理由を挙げ、「審議の中止を含め、慎重に審議されるよう要望」するものでありました。

さて、あらためて申し上げるまでもなく、今年（二〇〇六年）四月二十八日、政府は教育基本法改正案を閣議決定し、国会に提出しました。続いて翌月二十三日には民主党も「日本国教育基本法案」を衆議院に提出しました。そして六月十五日、衆議院教育基本法特別委員会において政府案、民主党案ともに継続審議とすることが決定されるにいたるまで、同特別委員会を中心に審議がなされてきたことは皆様ご承知のとおりであります。

この重大な局面を迎えて、私どもの準備委員会は、かねての申し合わせにもとづき、いったんは六月十八日に第四回公開シンポジウムを開催することといたしました。しかし、当初予定されておりました報告者のご都合とか会場の関係で再検討を余儀なくされ、改正案が継続審議に付されるという状況の中で、開催の日時や会場、報告のテーマやお願いする報告者についてあらためて協議し、その結果本日（二〇〇六年八月二十六日）、第四回公開シンポジウムを開催するにいたった次第であります。

教育基本法改正問題につきましては、「教育基本法の見直し」を提案した二〇〇〇年十二月の教育改革国民会議報告以降、市民団体や政党、教職員組合等による各種の運動が展開されてきましたことは、皆様ご承知のとおりであります。その中で、私どもの準備委員会が、教育学関連15学会による共同の事業という性格から、あらかじめ「改正反対」という立場を前提としたものではありませんが、教育基本法改正問題につき、二〇〇二年十二月以降、公開シンポジウムや公開研究会を開催してきましたことは、教育学研究者が構成する団体にふさわしい比較的に早い取り組みであったと思います。教育基本法がいままさに変えられようとしているこの重大な局面にあって、私は、教育学研究者が日本の子どもと教育の平和的・民主主義的な未来を望みながら、教育基本法改正問題についてさらなる学問的検討を加え、それにもとづく社会的発言を行い、もって教育学研究者に課せられた社会的責任を果たすことへの学会内外からの期待がこれまでにも増して高まっていると考えるものであります。

また、教育と教育行政が、本来、学問的研究の成果を尊重しつつ行われるべきものであるからには、教育基本法改正案の審議に当たって国会議員各位が、本日の公開シンポジウムを含め、私どもの発言に十分に耳を傾けられることを切に願うものであります。

以上、本日の公開シンポジウムにいたる経過と準備委員の一人としての思いを申し述べ、開会の挨拶とさせていただきます。

提案

1　教育基本法改正案の法的検討

西原博史（日本教育法学会・早稲田大学）

1　はじめに

(1)　〝あってはならない教育〟の線を引きなおす意味

二〇〇六年四月二十八日に教育基本法を全面改訂するための法案が国会に上程され、教育基本法改正をめぐる議論が新たな段階に入った。この法案を分析すると、この法案が目論むのが日本における教育のあり方の根本的な転換であり、それを通じた社会構造の抜本的な変革であることが見えてくる。そこでここでは、正確な情報に基づく国民的な議論に資するために、法案の構造を明らかにし、そうした提案を論議するために意識すべき観点を提示することを目指していきたい。

そもそも教育という営み――中でも国家権力が大量の子どもを集約して閉鎖的な空間の中において行う学校教育という営み――は、社会全体のあり方にとって非常に重要な意味を持つ。一つ方法を間違うと、教育プロセスは国民全体を一つの方向に向かって洗脳し、与えられた枠組に隷従させるというマインド・コントロールの機能を果たしかねない。これは世界の全体主義国で現実のものとなっているし、また日本人も戦前・戦中の軍国主義教育において経験したとおりである。

そうした危険な営みである教育プロセスが、ここ数十年間の日本で大まかに言って一人ひとりの子どもを尊重した健全なものであったと評価できるならば、その背景の一つとして、〝あってはならない教育〟を識別し、そこに転落することを防ごうとする教育基本法の働きがあった。これが、法としての教育基本法の役割である。この教育基本法に代わって今審議されている法案が教育プロセスを支配すべきだとされているわけである。何を変えようとしているのか、〝あってはならない教育〟のラインをどう引きなおそうとしているのか。これは、我々国民が法的な制限ラインとして必要としているルールとどこまで一致しているのか。

まずはこうした点が問われる。ただその際に、これまでの経験に依拠しながら新しいルールを拒否しようとする時には、過去の理念によって将来の実態を攻撃するような議論に陥ることは不適切であり、過去の実態に対する正確な検証が同時に必要となる。

(2) 手がかりとしての子どもの精神的自由

この報告では、法的な問題の中でも子どもの精神的自由に対する働きかけのあり方という観点に手がかりを求めたい。こうした見方の背景にあるのは、現行の教育基本法が〝あってはならない教育〟として排除しようとする構造の中で最重要なのが、教育勅語体制における子どもの道具化であるとする認識である。

教育基本法は第一条で、教育の目的が「人格の完成」にあると定めている。これは――人格概念の理解に関わる教育刷新委員会以来の論争に見られた方向性の分岐にもかかわらず、その根本において――完成した人格へと発展していく存在として一人ひとりの子どもを尊重しなければならない、という無条件の命令を内容としている。

教育基本法に先立つ教育勅語体制の中では、「天壌無窮ノ皇運ヲ扶翼スヘシ」という目標観念とともに、国民を国策遂行の道具と捉え、子どもを便利な天皇の道具に作り替えられるべき材料と捉える見方が基調に置かれていた。それを克服しようとした点に教育基本法の制定時における動機がある。そのため、道具としての位置づけを脱して、自ら考え、自ら判断する主体の育成に向けた「人格の完成」理念は、基本理念であるとともに、教育基本法の中で最重要の柵、再び陥ってはならない誤りを防止するための排除ルールでもあった。

改正法案でも、第一条における「人格の完成」という目的規定は維持されている。しかし、同時に「必要な資質を備えた国民」の育成という目的と並置された時、「人格」理解に関して大きな変革が仕組まれている。第二条に並ぶ具体的な徳目を意識し、そうした徳目――そして、それを集約するものとしての「愛国心」――の習得をもって「必要な資質」とされる時、人間がどう育つべきかが法定化されることになる。その場合に、自分で考え、自分で判断できる主体の育成というもともとの方向性はどうなるのか。この点は、きちんとした検証を必要とする。

[2] 「教育」という名の国民精神統一化に向けた国家プロジェクト

(1) 典型としての愛国心問題と、その広がり

教育基本法改正をめぐる議論は、これまでマスメディア等によって、基本法に「愛国心」を織り込むかどうかという点を中心に報じられてきた。ここに現れるように、愛国心教育の問題は改正案の一つの本質である。ただ、これまでの教育の基本原理をそのままに、それに単に新たな目標としての愛国心を付け加える、という形で理解するならば、完璧な誤解をもとに法案を論じることになってしまう。問題は、もっと大きな広がりを持っている。

愛国心教育を一つの機軸とすることを通じて持ち込まれようとしている変化は、教育の構造それ自身に関わる。これは、愛国心教育の本質問題が愛国心を具体的に定義する主体のありかに関わることを考えれば理解しやすいだろう。何をすれば国を愛することになるのか。もちろん、この点については様々な考え方が成り立つ。ただ現実には、「愛国心」とは何かを子どもや親、あるいは現場の教師が個別に考えていける状態ではない。たとえば、一九九九年の国旗・国歌法制定以降に各地で――そして教育委員会が最も戦闘的な立場を採っている例としては東京都で――推進されている国歌斉唱の強制。今の学校教育の中では、国を愛するがゆえに天皇の治世の永続を祈る国歌を拒否する立場は愛国的とはみなされていない。

そのように愛国心を具体的に定義する資格が子どもや子どもの周囲の人々から奪われていくにしたがって、愛国心教育の問題は、様々な政策課題へと拡大していく。政府が特定の政策を追求する時、それに従

わない態度は愛国的ではない、という評価軸が設定可能だからである。

(2) 現状と将来課題としての「愛国心の評価」

まずは、愛国心を強制するための道具立てに関する具体例から見ていこう。一つの問題として、愛国心を直接に評価する通知表の例がある。問題の皮切りとなったのは、二〇〇二年度の福岡市において、校長会公簿委員会の作ったモデルに従って六九の小学校で採用された通知表だった。そこでは、六年生社会に関わる評価項目として、「国を愛する心情」を持とうとするかどうかが直接の評価の対象とされた。そしてもちろん、そこでいう愛国心とは何かについて、子どもの側で定義することが認められていたわけではない。

悪い成績という不利益処分で脅しをかけながら、学校側がいう内容での愛国心という特定の心持ちを強制するわけだから、これは憲法一九条で保障された思想・良心の自由に対する直接の侵害に該当する。にもかかわらず、子どもたちを人質に取られた状態の中で、子どもや親の側からの救済請求は十分になされていない。そして二〇〇六年の段階では、似たような愛国心評価の項目を含む通知表が全国数多くの自治体の学校で使われていることが明らかになっている。

二〇〇六年五月から六月の教育基本法改正案に関する衆議院教育基本法特別委員会における審議の中で、この問題については若干の論点整理があった。小泉首相は即座に、「あえてそんな項目は持たなくてもいい」、「必要ない」とし（五月二十四日、六月一日）、それを受けて小坂文部科学大臣も、「内心についての強さを評価でＡＢＣつけるなど、とんでもないこと」とする立場を打ち出し、それに基づいて、「内心を直接的に評価するようなことをしてはならないということについて、学校長会議や、あるいは教育委員会の教育長の会議等を通じて、しっかりと今伝達をしている」ことを明らかにした（五月二十六日）。しかし他方、文部科学大臣は「学習内容に対する関心、意欲、態度を総合的に評価」するものならば問題はないという姿勢を崩さなかった（五月三十一日）。結局は、評価する姿勢の問題に先送りされてしまったことになる。

もともと、どのような評価を行ったら憲法上保障された人権を侵すことになるのかが問われたわけだから、評価が必要ないというのは全く当を得ない回答の仕方であった。そうした論点のごまかしがあった挙句、憲法上の人権を侵害するがゆえに学校として許されない一線があることが意識されただけに終わり、その具体的な線引きラインについてはなお混沌の中にあると言える。

(3)　愛国心教育が生じさせる「国民として持つべき意識」の統一

そして前述のように、ことは抽象的な愛国心に関わるだけではない。たとえば問題とされた福岡市の通知表においては、以下のような観点が評価の対象とされていた。

「我が国の歴史や伝統を大切にし国を愛する心情をもつとともに、平和を願う世界の中の日本人としての自覚をもとうとする」。

この観点にAからCで評価が加えられたわけである。この文の後ろ半分が特に、問題の広がりを表す。

市民運動の中で問題が認識され、この評価項目を維持するかどうかが厳しく問われた二〇〇三年二月から三月、世界ではイラク戦争開戦の是非をめぐって世論が二つに割れていた。その中で小泉首相は――恐らくは「平和を願う世界の中での日本人としての自覚」をもって――イラク戦争の支持を打ち出す。その段階で学校の中では、何をすれば「日本人としての自覚」をもった行動と評価されることになるのか。通知表に関して問われるのは、複数人に一律の評価を加えるための基準の統一である。そこに至って、政府の立場をきちんと説明できることをもって「日本人としての自覚」と同視するまでの道は、ほんの一歩のところまできている。

翌年、一人の高校生が自衛隊のイラクからの撤退を求める署名を集約して首相官邸に提出にきた折、小泉首相がコメントを発する。曰く、「自衛隊は平和的に貢献するんですよ。学校の先生もよく生徒さんに話さないとね。……なぜ警察官が必要か、なぜ軍隊が必要か。イラクの事情を説明して、国際政治、複雑だなぁという点を、先生がもっと生徒に教えるべきですね」と（朝日新聞二〇〇四年二月三日東京本社版）。

これは、政府の政策を批判するのは勉強不足であり、学校は政府の政策の正しさを子どもたちに理解させるべきだという教育観である。この教育観を前述の通知表の評価項目と重ね合わせた時、一つのモデルができあがる。政府の立場が心の底から納得でき、それを自ら支持できるようになることが教育の目指すべき姿。それを実現するためのよい教育とは、イラク戦争や自衛隊派遣の正しさを諄々と説いて聞かせ、子どもたちに納得させること。こうした教育モデルが成り立った所では、子どもたちが自分たちで考える素材を提供しようと、たとえば誤爆の名で罪もないイラク人民の上に降り注いだ爆弾に思いを馳せて、〝正義の戦争〟などというものがあるのかどうかを問う教師は、皆で定めた教育目標とは違うところに向けて子どもを洗脳する不適格教師、ということになってしまうだろう。

「愛国心」と「日本人としての自覚」。こうしたキーワードを咬ませることによって、国民として持つべき意識を一つに染め上げてしまうことができる。特に、この「愛国心」や「国民としての自覚」が具体的にどのような行動と結びつくのかを定義する権限が国の側、権力の側にある時、愛国心教育は、国民精神を統一するためのマインド・コントロールの作用となる。

3 教育基本法改正案という戦略的文書

(1) 改正案の構造と体系

国旗・国歌の扱いなどに関連して、すでにこうした〝国民として持つべき意識〟の一元化に向けた動きが進んでいることを考えながら教育基本法改正案を読んだ時、その意図は紛れもない形で明るみに出る。まさに水も漏らさぬ体系性をもって、このマインド・コントロールを教育プロセスの隅々にまで行き渡らせ、さらには親やその他の国民を巻き込むことによって社会全体をも支配しようとする飽くなき支配欲が露になっている。

第一条で教育の目的に格上げされた「必要な資質」を育成するために、第二条ではその資質が具体的な教育目標として整理しなおされる。ここに掲げられた徳目を実現することこそが「教育」と定義される。そうした徳目の中には、「道徳心」、「公共の精神」、「主体的に社会の形成に参画し、その発展に寄与する態度」、「伝統と文化を尊重する態度」、「我が国と郷土を愛する態度」といった倫理的課題、さらにまた「国際社会の平和と発展に寄与する態度」といった政策論的・思想的な課題が含まれている。教育目標と位置づけるということは、こうした倫理的・政治的なテーマに関して「正しい考え方」を特定することを意味せざるを得ない。通知表の例に即して述べたとおり、こうした教育目標を設定することは〝国民の持つべき意識〟を一元化することを意味しかねない。

そして実際に、「愛国心」を始めとするそれぞれの徳目の中身は、第一六条で「国」が――「教育に関する施策を総合的に策定する」中で――個別具体的に特定できる形になっている。こうして内容を特定された目標を習得させるために、学校においては「組織的な学習が体系的に」行われる（改正案第六条二項）。この組織性・体系性が意味を持つのは、正義の戦争の有無を問う教師のように、定められた枠組に揺らぎを持ち込もうとする妨害要素を排除しようとする場面であるように読める。こうした教育＝定められた国民意識の養成は、私立学校（改正案第八条）や大学（改正案第七条）をも縛っていくことになる。

そして学校の中における組織的な意識の一元化がある程度進めば、同じ動きは学校の外に出てくることになる。改正案第一〇条は「父母その他の保護者」に教育における責任を意識させ、第一三条は「学校、家庭及び地域住民その他の関係者は、教育におけるそれぞれの役割と責任を自覚するとともに、相互の連携及び協力に努めるものとする」と、積極的な参画を義務づけていく。地域防犯組織がテロリスト排除等の機能を担って各地に浸透している中で、同じ地域組織が教育の役割をも引き受け、たとえば学校における愛国心教育を支援するために祝祭日における各戸ごとの国旗掲揚で支えようとする運動を推進する時、地域に潜むテロリストと見られたくない市民にとって、積極的な参加を拒むのはたやすいことではない。

現時点で、国歌斉唱に協力するかどうかは、校長や教育行政に忠実な教師を見分ける踏み絵として機能している。この踏み絵は、組織的マインド・コントロールにとって邪魔な教師を一定程度で排除し終わった段階で学校の外に出てきて、すべての国民の前に置かれる。このようにして、率先して国民意識の統一に協力する国民を作り出すところまで、改正推進派のシミュレーションはできあがっている。

(2) 背景としての競争主義、資源の傾斜配分、エリート養成

どうしてこのような国民意識の一元化が必要だという認識が与党と文部科学省に共有されるに至ったのだろうか。基本的にはこれは、限られた教育資源の効率的配分を追求し、その中で特に創造的エリートの育成に傾斜的に投資を行おうとする財界主導の教育政策に歩調を合わせながら、そうした競争主義政策の結果として生じる教育の階層的分断が社会不安につながらないような安全弁としての機能を担うべきものとして説明できる。

競争は現時点において、子どもの能力を指標として展開されているわけではない。学校選択制を誰が最も有利に利用できるか、などを考えた場合、分断の指標として家庭の教育支援能力が最重要になりつつある状況が見えてくる。こうした教育の階層的分断は、相互に想像力の及ばない孤立した階層的集団を生み出し、上位に勝ち組意識に毒されたエゴイスト、下位に将来に対する夢の持てない社会不満層を創出する傾向を帯びる。そうした状況を踏まえた場合には、社会の中で最低限の求心力を働かせるために、意識のタガとして、愛国心を持たせ、国民として持つべき意識を一元化しようとする戦略が一定の意義を持つことになる。

教育にかけられる財源を大きくは拡大しないという決断を基礎に置きながら、それでもエリート養成を至上命題と考えるなら、国民意識の一元化という安全弁が必要、という考慮が働くのだろう。教育の階層化がもつ破壊力を前に、面従腹背という形でしか機能しない意識への働きかけでもって対抗しようとする

ことの非現実性に気づけば、あり得る政策選択肢でないことは明らかなのであるが。

4 利用される市民の欠落感

(1) 非専門職の反乱としての教育基本法改正論

教育基本法改正論は、国家権力による国民支配という観点で見た場合、分断戦略としての意味をも有している。そのため、改正案をどのように位置づけるかに関しては、時代状況を踏まえた適切な対応が求められる。一部集団の既得権を意識した感情的な反発は、むしろ分断戦略の描いたシナリオに見事に陥っていく結果を招くであろう。

そもそも教育目標というものを社会の中でどのように考えるかに関しては、抽象的に言えば様々な立場があり得る。比較法・比較憲法的に見た場合、一方に、教育目標は明示的に国家レヴェルにおいて画定されるべきだとする立場がある。そこでは、教育目標の策定は民主主義的な国民合意の課題であり、できるだけ安定した――核心部分については憲法制定権力という意味での最高次の規範的序列をもって決められるべき――法的基盤に乗せておくべき事項だと位置づけられる。ラント憲法に教育目標に関するカタログを置き、また、教育内容に関することがらのうち子どもの権利にとって本質的な事項は法律で画定しておかなければならないとするドイツのモデルがその典型例といえる（拙著『良心の自由』増補版、成文堂、二〇〇一年、二七四頁以下、二五七頁参照）。こうした考え方は、一方で教育内容に関しても開かれた民主的討議を確保して、全国的に統一される部分と個別的な関係で多様性を持つ部分をきちんと仕分けようとする発想に基づいている。

それに対して日本の古典的な「国民の教育権」論は、親からの信託を受けた専門職としての教師の集団的な意思に教育内容の決定を全面的に委ねる枠組を採り、公開の場における教育内容に関わる政治的決定を概括的に排除してきた（代表的なものに、成嶋隆「教育目的の法定および教育の『法律主義』について」新潟大学法政理論一三巻三号六一頁、一四巻一号一頁）。この理論枠組は、確かに時の多数派が教育のあり方を権力的にねじ曲げることを回避する上で重要な意義を有するものではあったが、他方で教師の専門性を重視するあまり、子ども自身や親、そして市民が教育内容に関わるコミュニケーションに参加する道を奪ってきた側面がある。

そこから生じる欠乏感を教育基本法改正論は利用し、民主的な教育内容決定に道を開くかのような幻想を振りまく戦術を採る。これは特に、教育委員会制度を廃止し、教育行政に関して「民主的な運営を旨」として行うことだけを重視する民主党案第一八条に関してあてはまる。

(2) 利用される幻想

もちろん、教育基本法改正案は、政府案、民主党案とも、子どもや親を中心的な主体とした民主的な教育内容決定を具体的に構想しているわけではない。むしろ、教育内容については、今以上に閉鎖的な形で教育行政内部において決定されるようになることが予想できる。これは、改正案が——政府案にあっては全国一律の、民主党案にあっても自治体レヴェルでの偏差のみを認めた——一元的な教育目標の達成を指向しており、その限りにおいて教育目標の個別化を排除していることからも読み取れる。結局のところ、改正案にあって教育を国策の道具と捉える傾向が強まっており、子どもがどのような教育を受けたいと望むか、親が子にどのような教育を受けさせたいと望むかという観点がますます後景に退いている。

実際には、この教育目標の一元的決定という幻想は二重の意味で国民を欺くものである。すでに進行している教育の階層的分断を下支えしようとする目論見が改正論に含まれているわけだから、教科教育に関わる部分については、一部における達成水準の意識的な切り下げを容認しようとする方向性が改正論に隠されている。一元化されるのは、あくまで国策上、統一しておいた方が望ましいと判断される一定領域の〝国民意識〟に関わる問題でしかない。民主主義を健全に発展させる上で多数決に基づく政府の側からの働きかけが妨害要素としかならないような領域で統一化が図られ、他方で将来の子どもの自己実現の基盤を作り、その点において教育を受ける子どもの権利を保障する上で中核にある知識・技能の育成に関して国家の責任逃れを追認していくような枠組の中では、教育目標に関する開かれたコミュニケーションが作動する余地はない。

そのため、民主的な開かれた討議を通じた教育目標の具体化に関わる何らかの希望を現在の教育基本法改正論に見出すならば、それは全く根拠のないものである。改正勢力が振りまく幻想に騙されて、国民として安易に操作されることを意味する。

5 改正賛否を問う論議で意識すべき観点

(1) 改正論が提起する子どもの精神的自由の問題

こうした改正論の枠組を意識した場合、改正の賛否に関わる論議において考えておかなければならない観点がいくつか見えてくる。

一つは、改正案が果たす子どもの思想・良心の自由に対する侵害的な機能である。国民として持つべき意識を国定し、学校内外における様々な権力的・非権力的な働きかけを動員して子どもによる受容を促そうとする枠組が明らかに見て取れる。そこで対象となるものは、多数決によって決することの許されない、個人の行動の「正しさ」に関わる規準であり、本来は個人の信条が管轄しているテーマである。

憲法で基調に置かれている〝基本的人権〟は、国家によって作られた均質なロボットに与えられた権利のことではない。一人ひとり、自分なりの考え方を持ち、自分の生き方を自分なりに切り開こうとする独立性をもった個人の権利、そうした個人に対して多数決による押し付けが許されない領域を画定するために保障された権利のことである。国民意識を一元化しようとする政府の側の働きかけは、基本的人権の核心を破壊しようとするものである。同時に、多元性をもつ人々の間でより良い明日を目指した討議と選択のプロセスとしての民主制も、基本的な思考様式が教育の力によって均質化され、政府の進もうとする方向以外のものを欲しないよう調教された国民の間では成り立たない。子どもを中心とする教育の受け手の精神的独立性を覆すならば、それは、現在の憲法構造に支えられた社会体制すべてを転覆することを意味する。

(2) 信条事項の峻別に基づく批判

他方、現在の日本にあって子どもの教育を意識しながら子どもの思想・良心の自由を口にすること自体が、多くの人々に新たな不信感を喚起する現実を直視する必要がある。教育の専門性に支えられたこれまでの学校教育体制の中で、子どもの思想・良心の自由が尊重されてきたと言えるのか、それが問いなおされるからである。

ここには、教育行政と教師の共犯関係があった。いずれもが〝専門性〟の担い手であることを主張し、その教育内容に関しては一定の対立を含みこみながら、他方で非専門家の参加を排除して教育内容を自ら形作ろうとしてきた。その際に、個人の思想・良心が管轄する事項領域と、個人の自己実現の基礎に置かれた社会的に共有されるべき知識・技能の領域との峻別に十分な注意が払われてきたのかどうかには多くの疑問がある。現時点でたとえば教職員組合が子どもの思想・良心の自由を引き合いに出した教育基本法改正反対論を唱えようとする場合、それがこれまでの教育のあり方に関する根本的な反省を伴わない限り、国民にとって説得力の乏しいものであることを意識する必要がある。

もちろん同時に、個人の信条が管轄する領域に教育行政が土足で踏み込み、権力的に特定の意識を強制して回る事態を正当化する余地はない。一方において教師が子どもたちの心に過度に踏み込みすぎていたかもしれない過去を意識しながら、それでも教育行政によるもっと組織的でもっと意図的な子どもの精神の歪曲から子どもを守れるのが現場の教師でしかあり得ないことも考えた展望が求められる。子どもを最終的なターゲットとした国歌斉唱への参加強制を実現するために暴力的な権力行使にためらいを見せない東京都教育委員会などを典型に、すでに現時点において、子どもの意識の一元化に向けた教育行政の策動は動き出している。そうした中では、自分で考え、自分で判断できる子どもを育成する上で教師に職務権限の独立性が認められるべき領域を確立することが急務となっている。

(3) 教育内容をめぐる開かれたコミュニケーション

以上のように、公教育制度の中で行われる教育にとって本質的に立ち入り禁止の、個人の信条に関わる領域を峻別していくような議論の進め方が求められるとしても、それと同時に、子どもの教育を受ける権利を実現していく上で国家として責任を持って保障すべき教育がどのような事項を内容としているのかに関して、もう一度議論を組み立てていくことが必要である。

教育基本法改正論の裏に教育内容に関する差別化の意図が隠れていることを考えた場合、子どもの教育を受ける権利でいう「教育」とは何を指すのかという問題提起は重要である。もちろん、すべての子どもに一律の教育成果を確保しようとする議論は現実的ではない。そのため本来、教育目標に関しては一方において一定の個別化を組み込んだ議論の立て方が必要になるとともに、教育のあり方に関する多層的なコミュニケーションが作動できる環境の構築が求められている。

ただ――もう一度確認すると――基本的人権が保障された民主国家の中における公教育にあって、教育のあり方をめぐる最終的な指標は、子どもによる将来の自律的な自己決定能力をどう育てるかという観点に置かれる。憲法で保障された教育を受ける権利は、教育という名の下に社会にとって有用なパーソナリティへと人格改造されることを求める権利ではあり得ない。基本的人権としての教育を受ける権利が要請するのは、最終的には一人ひとりとして違いをもった個人の、自らの独立性を保った上での自己決定を有利に進めていくために必要な知識・技能を習得する平等な機会である。そこでは、今後の教育において子どもの主体性をどう保障していくのかが問われる。

(4) 展　望

教育基本法を改正する実質的な必要があるのかを問えば、本報告の立場からは、今の時点で新たな法的規律がなければ解決できないような障害は何もない、という認識に傾く。その観点を推し進めていけば、教育基本法改正の動きがあること自体に過剰反応することすらも不見識と考えられるかもしれない。その前提では、現時点において既存の理論枠組を検証しなおそうとすることこそ改正論の策略に乗るものだと非難されることであろう。

ただ、改正論が――実際に国民生活に具体的な改善点をもたらす何の展望もないにもかかわらず――それなりの共鳴板を社会の中に見出している現実の中には、教育をめぐる関係に対する市民の強い疎外感を見て取らざるを得ないとも考えられる。現時点において、親や多様な社会勢力を巻き込んで、我々が次世代の国民に対してどのような姿勢でどのような教育を行おうとするかに関する多面的な議論を活性化できるかどうか。基本的人権と民主制を守る一つの鍵は、そこに置かれている。

2 「学校づくりの力」と教育基本法改正案

小島弘道（日本教育経営学会・筑波大学）

1 学校知の変容

教育基本法改正問題をめぐる論点・争点は出そろった感がする。憲法と教育基本法の関係、憲法が実現を求めている理念は「根本において教育の力にまつべきものである」の意味、基本法改正案のねらい、基本法改正案の構造、基本法改正案がめざす社会像と人間像、基本法改正案が生み出す新たな教育問題、現代の教育問題解決における基本法の力、新たに基本法に組み入れるべき事項などについて論じられ、もしくは議論されてきた。わたしがこのうち関心を持ったのは、「われらは、さきに、日本国憲法を確定し、民主的で文化的な国家を建設して、世界の平和と人類の福祉に貢献しようとする決意を示した。この理想の実現は、根本において教育の力にまつべきものである。」（教育基本法前文）で「教育の力にまつべきものである」でいう教育および教育の力についてである。

教育基本法が求めた教育とは、人格を完成することと、国家社会の形成者としての国民の育成である。人格の完成と国家社会の形成者の関係であるが、天皇制とナショナリズムを基盤とした戦前の教育目的であった国民の形成ではない。あくまでも人格の完成が前提であり、その上での国民形成である。つまり人格とは知情意の複雑な意識が自己意識（自律性、自己決定性）によって統一されている人間について、この自己意識の統一性または自己決定性をもって統一された人間の諸特性、諸能力である（文部省法令研究会『教育基本法の解説』一九四七年）。教育基本法制定に当たり出された文部省訓令でも、人格の完成とは個人の価値と尊厳の認識に基づいて、人間が備えるあらゆる能力を、できる限り、しかも調和的に発展させることであるとしている。単に国家社会を担い、その意思が優先し、それに従属する国民の形成ではなく、上記のような人格を有した人間が形成する国家社会の主体となりうる人間の形成であった。

戦後教育の中にあって、こうした教育は一時期を除いて全面に出ることがなく、反対に国民形成が人格の完成を囲い込み、支配する教育目的となった。そのために学校知において共通知と共通価値を重視、優先する教育が展開されることになる。学習指導要領に法的拘束力を持たせる、学習指導要領の伝達講習会の実施、道徳の時間の特設と並んで教育基本法の廃止もしくは変更などが教育政策の中で見え隠れしてきたことは周知の通りである。

私はそれでも、学習指導要領で国旗・国歌の価値を共通に指導するものとしていても、それを絶対視し強制することに対しては抑制的であったと認識してきた。しかしこのたびの要領の改訂で小学校社会科で「我が国の歴史や伝統を大切にし、国を愛する信条を育てるようにする」とし、指導要録の改訂ではそれを評価するところまで進めたのである。こうした教育課程行政の展開からこのたびの教育基本法改正案で

「伝統と文化を尊重し、それらをはぐくんできた我が国と郷土を愛するとともに、他国を尊重し、国際社会の平和と発展に寄与する態度を養うこと」を新たに教育の目標に掲げていることは、愛国心を共通価値として絶対化し、学校現場ではその教育を強制することになるのではないかと危惧するものである。こうなることは、これまでの多くの経験で確認できることである。これは経験的事実である。教育の場でもっとも大切にしなければならない柔軟で多様な発想と思考が失われてしまうと考えるのは私だけではあるまい。学校現場に閉塞感が漂い、かつ学校の意思形成に不可欠な経営空間を狭くする。すでに一部の地域でこうした実態が見られる。

近年の教育改革にあって、学習指導要領で共通知を限定し（ミニマムとし）、学校現場での教育や学びの必要から学校により多くの教育権限を与え、個別知の存在や意義を認めてきたことを評価するものである。共通知を相対化し個別知の意義を教育課程行政において確認してきたといえる。これが地方分権と規制緩和を改革原理とし、「学校の自主性・自律性の確立」（中教審答申「今後の地方教育行政の在り方について」一九九八年）という改革方針に基づいてはじめて可能になったのである。個別知は地方分権の徹底、学校権限の拡大、そして教育観の転換によって可能となる。戦後教育で学校や地域ごとのカリキュラムづくりができたのは、教育の出発を児童生徒の興味・関心に置き、教育の実施運営を地方と学校にゆだねたからである。学習指導要領は試案として教師が教育活動を展開するに当たって参考とするものと位置づけられていた。教師はそれに応えるべき力量を備えた者であり、したがって教員養成は大学で行うべきだとする発想が生まれたのである。逆に言えば、地方分権と学校権限の拡大は個別知を求め、とりわけ学校にカリキュラム開発を活発化させ、創造的な教育活動の展開を生み出すことになる。

こうした学校知の変容は「学校教育の基調の転換」（教育課程審議会答申、一九九七年）という表現からも読みとることができる。共通知とは言っていないが、学力を暗記力や知識量にとどめず、思考力や考える力を学力の中心に置く「学力観の転換」が個別知、つまり子ども一人一人の学びとそのプロセスを大切にし、思考を生み、高める指導の実現を求めたものである。個性や創造性の育成がそこで重視されるのもそうした理由による。我々が求めてきた教育の力、我々が必要だとしてきた教育はこのようなものであったと考える。

これまで我が国の公教育目標は国民形成に置いてきた。そこでは共通知が支配的な学校知であり、個性の育成が言われても教育方法のレベルであって、教育目的の中心に置いたものではなかった。共通知が学校知の支配的な知となり、それを集権的な教育システムを通して実施運営してきた。そして現在、学力低下や人材育成への対応、規範意識の低下など子どもの意識や行動をめぐって改めて共通知・価値の復活・強化に勢いを持たせてきた。教育基本法改正案は、これら二つを国家戦略の課題とし、その実現をめざしたものとして受け止めることができる。これにかかわって先の「学校教育の基調の転換」の中に一定の意義を読みとることができる。学校の権限拡大の可能性はここに期待すべきであり、それを可能にする学校づくりの力量が求められるのである。

2 「学校づくりの力」

「教育の力」、つまり教育は「学校づくりの力」次第である。学校づくりは学校への相当な権限委譲を前提に高度な専門的意思とリーダーシップのほか、保護者等の教育意思に基づく学校運営を構築することによって可能となる。

我が国の学校経営（学校経営政策）は、集権化と行政権の強化のもと、権限なき学校経営、行政主導の学校経営、校内管理体制の確立を基調としていた。今日進められている学校経営改革は、この基調を変容し、新しい学校経営のかたちを模索しつつ展開している。それは各学校の権限を拡大し、それを可能にする経営制度を構築する方向である。これについての評価は分かれるところであるが、戦後の学校経営の歴史に目をやった場合、そう言えるのではないかと考えている（拙稿「教育における自治の理論的課題―学校自治の理論的課題を中心に―」『日本教育法学会年報』第二九号、二〇〇〇年）。言うまでもなく第一の改革は戦後教育改革期におけるもので、地方分権と民主化の改革原理のもと、教育行政を一般行政から独立させながら学校の自主性と住民の教育意思の尊重を基調とする学校経営のかたちであった。第二の改革は教育委員会法を廃止し、一九五六年に制定した地方教育行政の組織及び運営に関する法律とそれに基づく各種の施策と指導等によって形成された学校経営の秩序（「五六年体制」）である。

今次の改革、つまり戦後第三の学校経営改革は、学校の権限拡大、学校の経営責任、校内責任体制の確立、参加型学校経営、校長の権限拡大・強化を特徴とするもので、「五六年体制」を変容する新たなステージ、基調であると認識することができる。

こうした学校および学校経営を構築するためには教育基本法は今なお色あせてはいないばかりか、進むべき確かな方向性や力強いメッセージを与えてくれる。もちろん制定から六〇年も経ているのだから、改正案にあるように変更したり新たに追加してもよい事項もあるだろう。そうではあるが、教育基本法の理念を現実問題の解決やこれからの教育を構築するに当たって解釈、再定義することによって、今後の公教育経営の基本法として機能させ、また公教育経営にふさわしいかたちにしていくことが可能であるし、そうした運用を進めていくことが重要ではないかと考える。これについて以下、いくつか取り上げて見ていくことにする。

3 教育基本法の役割

上で述べたような教育を実現し、学校づくりを展開するために、また教育の現実問題を解決するために教育基本法は以下に述べるようないくつかのヒントを与えてくれる。

(1) 憲法で定めている人間の権利・価値、社会、文化、国のかたちなどについての理想の実現は「根本において教育の力にまつべきものである」(前文)とあるように、教育を受ける権利などの基本的人権、文化的な生活や生存、平和で共生・共存型の社会、これらの実現を国に促す主体とそうした国家社会の形成はまさに「教育の力」によって可能となる。格差社会、ニート・フリーター問題、就労・雇用不安などの解決も広くは「教育の力」に依るところ大である。また不登校(情緒的不安、無気力)、いじめ、希薄な規範意識などの子どもの意識と行動をめぐる問題も深刻である。これとて、基本法の「個人の尊厳を重んじ」、「個人の価値をたつとび」、「自主的精神に満ちた」の文言が解決の方向を示唆している。基本法は今なお輝きを失ってはいない。

改正案には「教育の力にまつべきものである」の文言が見当たらない。憲法が求めている理念の実現と教育の役割を遮断し、準憲法的性格を曖昧にしてしまった。したがってめざすべき教育も「真理と平和」ではなく「真理と正義」とされ、「普遍的にして個性ゆたかな文化の創造」ではなく「伝統を継承し、新しい文化の創造」をめざす教育のように、国際的な視野・関係の中に生きる人間像が後退し、内に向かった閉ざされた人間像が期待されている。「国籍ある教育」、「日本人としての自覚」を余りにも意識したものとなっている。偏狭なナショナリズムにつながらないかと不安がよぎる。

(2) 今ほど人々が孤立化し、バラバラになり、そして社会に求心力を失った時代はないかもしれない。また今ほど見通しをつけにくく先が読めない時代はなかったかもしれない。だからこそ、「我が国の伝統と文化を尊重し、それらをはぐくんできた我が国と郷土を愛するとともに、……中略……態度を養うこと」で求心力をつくり、強めようとしている。愛国心教育である。基本法改正案における愛国心教育の導入は日本の公教育目標・構造・かたちを大きく揺さぶるものである。

愛国心は国への愛着である。愛着だから、国を愛し、愛するようにし向けたり、愛する態度を求め、強制することは無意味である。愛着は個人の心、思いの問題である。相手側の努力する姿勢や品格によって個人の側に生まれる自然で素朴な感情である。愛着と言うべき愛国心は国に対する個人の感情であって、それ以下でも以上でもない。愛国心に関する教育は可能である。これには様々な方法があるし、その学習は学校教育で否定されるべきではない。しかしこのたびの基本法改正案の目的は「国籍ある教育」「日本人としての自覚」の実現を求めての愛国心の育成にあったことは明白だ。ひとつの愛国心しか認めない社会がどういうかたちになるか、またそのための教育が開かれた視野と思考を生み出さないことも我々が確認する歴史的で経験的な事実である。まして「心のノート」や愛国心教育での評価は個性尊重や自発的精神の育成（第二条）に反するもので論外である。また憲法が謳う思想・信条・良心の自由に反するばかりでなく、こうしたことを謳った憲法と一体の教育基本法であったものを切り離すことになる。

さらに「国旗・国歌」と「日の丸・君が代」の間には距離と溝があり、そう単純に縮まる距離、埋まる溝ではない。我が国には愛国心をめぐり他国には見られない議論があり、現象が見られるのはこのためである。この観点からも他国との安易な比較には意味がなく、深い学問的吟味が必要だと考える。

(3) 愛国心などを評価することを疑わない校長は論外である。こうしたことがないようにするために校長には高い教育的識見が求められる。またリーダーシップも不可欠だ。行政研修が支配的なスクールリーダー養成ではこうした識見はなかなか育成されない。教育的識見はそれまでの教職経験を基盤として現在の経営実践の中で培われると同時に、学校経営にかかわる実践知や理論知の学びや研究を通して形成され、身に付いていくものである。我々はその場と機会を大学院教育に求め、スクールリーダーを大学院で養成する必要があると主張してきた（拙論「校長育てる大学院創設を」「日本経済新聞」朝刊、二〇〇三年五月三日、日本教育経営学会・スクールリーダーの資格任用に関する検討特別委員会　提言「学校管理職の養成・研修システムづくりに向けて」二〇〇三年六月六日、拙編著『校長の資格・養成と大学院の役割』東信堂、二〇〇四年、スクールリーダー人材育成の専門職大学院に関する検討会「スクールリーダー人材育成のための専門職大学院の在り方について」二〇〇六年二月一九日、スクールリーダーの資格・養成に関する日本教育経営学会・日本教育行政学会合同委員会「スクールリーダー養成システムの整備に関する提言」二〇〇六年二月一〇日)。

ここでの大学院教育の役割については以下のように考えている。

① 教育的識見の幅を広げるとともに、深化させる役割。学校教育の意義や課題を広い社会的視野から捉えなおしたり、教育改革の意義について深く理解したりする機会を提供することを通じて、より質の高い教育的識見を獲得させることが大学院の役割である。

② 実務経験を通じて獲得された学校運営に関する基礎的な知識と技術を高度に深化、発展させる役割。人事運営、組織運営、人間関係調整などにかかわる実践的な知識と技術に理論的基盤と体系的理解を与えることによってより深化、発展させ、学校経営の困難な状況の中で活用できるようにすることである。

③ 学校や教育行政の実務経験を通しては獲得が困難な高度な経営力量を形成する役割。学校に対する社会のニーズや子どもの変化など、学校経営の環境変化を的確に捉え、長期的な視野で学校のビジョンを構想し、その実現のための戦略を策定する力量、学校評価の結果に基づいて学校改善を構想するとともに保護者や住民に対する説明責任を果たす力量、学校内外の葛藤を学校のいっそうの発展につなげる力量などはきわめて高度な経営力量であり、大学院における高度な専門性教育に期待されるものである。

(4) 教師としての使命感や指導力が問題視されて久しい。第六条の全体の奉仕者であること、自己の使命を自覚し、その職責遂行に努力すべきであるという条文については、教師や学校側がこれを生かし切れていないのかもしれない。一〇年目教員研修の制度化、教員評価などにより他律的に使命感や指導力をめぐる問題を解決する傾向にあるが、基本法の理念や教育目的を教育活動の中にしっかり根付かせ、具体化させる努力をすることが使命感や指導力の形成につながっていくものと思われる。免許更新制はもともと不要だと考えているが、こうした政策も出てこなかったかもしれない。

(5) 現代の学校経営改革の実現のために、教育は「国民全体に対し直接に責任を負って行われるべきものである」（第一〇条）が輝きを与えている。

教育の当事者として親が学校（経営）に参加するのは当然であるし、欧米ではそうした方向が子どもの学校参加を含めて具体化されており、我が国もそうした制度を導入することが必要な時代になっていることについて述べたことがある（拙論「進めたい父母の学校参加」「日本経済新聞」朝刊、一九八四年十一月一九日）。実際のところ内心、我が国では実現がなかなか難しいと考えていた。しかし現在、学校運営協議会が法制化され、参加を飛び越えて保護者等自ら学校運営をする制度が創り出された。第一〇条の趣旨は学校参加ないしは保護者等に直接責任を負う制度を予定したものである。ところが改正案ではこの部分が削除されてしまった。一九九八年の中教審答申で提言した「地域住民の学校運営への参画」の法的基盤が失われてしまったら問題であるどころか、大きな制度変更になり、そうした変更は受け入れがたい。政策上の整合性が問われるところである。

4 「学校づくりの力」の視野を

教育は、子どもの現在（学び）と知のコミュニケーションである。この知は具体的な個々の人間から独立したものとして存在するものであるが、その知を人は我がものとすることにより、人となり、社会に生き、社会や国をつくり、担う主体となる。しかし知は、状況や環境の中で解釈、加工され、再定義されることにより、知の新たなステージがつくられる。この過程は人間と社会の実践であり、かつ文化的な営為である。子どもの学びも基本的にはこうした行為であると理解することができる。そこには教師が介在し、学校がそれを可能にする条件を整えていく。この意味で学校は、勉強するところであり、知的成長環境であり、この環境をつくり出す者こそ高度な専門性と指導力をもった教師であり、スクールリーダーでなければならない。

わたしにとって、現在の学校経営改革では専門性の論理が後退していることが気になる。専門性をしっかりと学校の意思形成に位置づけ、それを生かす学校組織をつくることが不可欠である。そのためには、かつてのような専門性の論理だけでなく、保護者等の教育意思を視野に入れ、組織や経営の論理も取り込んで学校の意思形成のシステムを構築することが必要になっていると考える（図参照。この図は第四六回日本教育経営学会（東北大学、二〇〇六年六月四日）で自由研究「学校の裁量権拡大と校長の意思決定構造の変容に関する調査研究」として報告したものに基づいて作成したものである）。トップダウンまたはボトムアップではなく、関係する人たちが知恵を出し合い、協働関係を深め、確かな意思を形成する上で、「組織を通して」「組織の力」により意思の水準ないしは質を高めることが重要だと考える。その場合、さらに専門性と組織の論理を支え、貫くものとして人間の論理が底流にあること、底流に置くことを忘れてはならないと考える。働く行為、つまり労働が人間の本質的な行為であり、そのことによって人となり、人とのつながりをつくり、そうした過程に喜びや充足感を見出し、人と社会の間に接点を創り出すことができる。経営主義（勝野正章）は労働を断片化し、人間から切り離し、疎外する。学校にはそうした経営はふさわしくない。子どもの学び、教師の教育活動、スクールリーダーの経営活動はそれぞれ行うのは別人であるが、共有し、もしくは共有するに足る目的があることでコミュニケーション、協働、コミュニティがつくられる。空想的社会主義者といわれるロバート・オーエンが人間を「生命ある機械」にたとえ、部下である人々の性格形成と安楽の増加に配慮することが結局は雇用者の利益につながることを述べている。学校経営の在り方について議論する中で、教育基本法の著作（『子どもと教育基本法』地歴社、二〇〇四年）もある武田晃二岩手大学教授は教育実践者でもあるロバート・オーエンの経営思想に触れて、これは現在の学校経営の中にも生かされ、新鮮さをもたらすのではないかと指摘された。わたしも同感であると話が弾んだことを思い出す。教師にとって子どもは、スクールリーダーにとって教師はそれぞれ「生命ある機械」である（一八二五年）。経営において人間的要素が注目される一〇〇年ほど前、労働が感情（人間的要素）と分かちがたく結びついており、感情と切り離して「労働（学習）させる」ことの無意味さを指摘していることに驚きを禁じ得ない。ロバート・オーエンについてはクループスカヤが『国民教育と民主主義』（岩波文庫）で取り上げているが、経営思想ついては言及していない。これは現在の我が国の教育研究者も同様である。

上述したような環境をつくっていくためには、教育活動の力と学校づくりの力にまつべきものがある。学校を内側から動機づけるための教育活動と学校経営のかたちをつくっていくことも重要なテーマである。「教育の力にまつべきものである」という文脈を今日の文脈で解釈すればそういうことになる。「学校づくりの力にまつべきものである」（「学校の力にまつべきものである」）ことは経営の次元で語るものである。「学校づくりの力にまつべきものである」という言い方はこれまでしてこなかった。これは何よりも学校

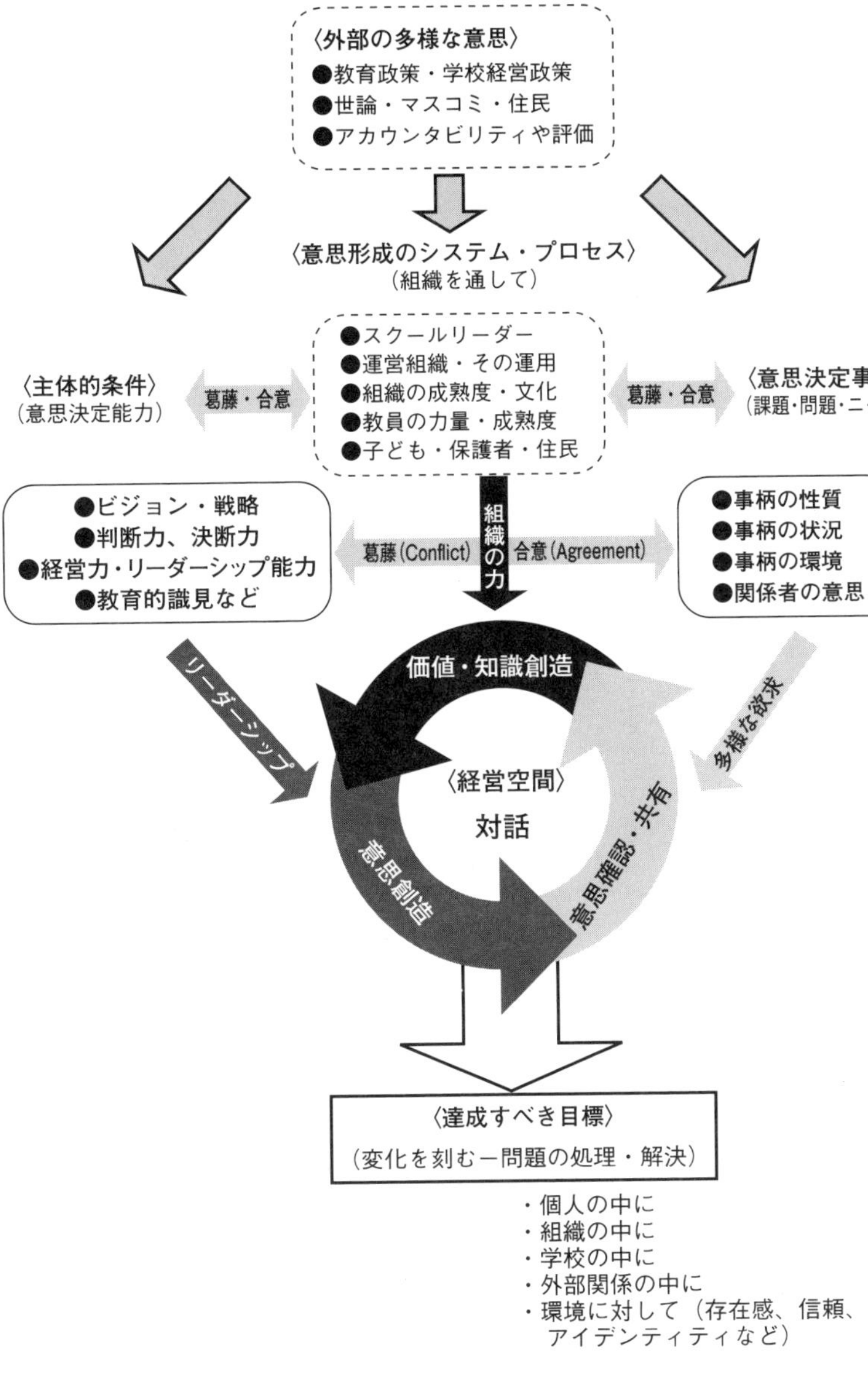
〈外部の多様な意思〉
●教育政策・学校経営政策
●世論・マスコミ・住民
●アカウンタビリティや評価
〈意思形成のシステム・プロセス〉
（組織を通して）
●スクールリーダー
●運営組織・その運用
●組織の成熟度・文化
●教員の力量・成熟度
●子ども・保護者・住民
〈主体的条件〉
（意思決定能力）
葛藤・合意
葛藤・合意
〈意思決定事項〉
（課題・問題・ニーズ）
●ビジョン・戦略
●判断力、決断力
●経営力・リーダーシップ能力
●教育的識見など
組織の力
葛藤（Conflict）
合意（Agreement）
●事柄の性質
●事柄の状況
●事柄の環境
●関係者の意思
リーダーシップ
価値・知識創造
多様な欲求
〈経営空間〉
対話
意思創造
意思確認・共有
〈達成すべき目標〉
（変化を刻む－問題の処理・解決）
・個人の中に
・組織の中に
・学校の中に
・外部関係の中に
・環境に対して（存在感、信頼、
アイデンティティなど）

学校の意思決定構造イメージ

の自主性と自律性の確立を前提に学校の総合力としての学校力を構築する作業である。改正案がこうした方向、力に水をさすことにならないことを望みたい。そうならないためにはもっと慎重な議論、もっと本質的な議論を展開することが必要だと考える。

「まつべきものである」「教育の力」は、学校現場を強くすることによって可能となる。それは専門的教育機関である学校の機能を充実させ、保護者・住民・社会の期待に応える学校力を構築することである。教育の現実を直視し、そこから問題の処理や解決のさまざまなメッセージと教育の在り方を提言してきた研究者のひとりが故山住正巳氏だったのではないかと思う。氏は教育改革で重要なことは「教育の現実を直視」することであり、「現実とは教育が行われている教室や学校」であると指摘した（たとえば「第三の教育改革たり得るか」（小林直樹編『教育改革の原理を考える』勁草書房、一九七二年）。なお筆者もこうした問題意識から『学校改革の課題―教育を変える力―』（国土社、一九八五年）を著した。

わたしは、現場にこそ問題の処理・解決のヒントや方法が

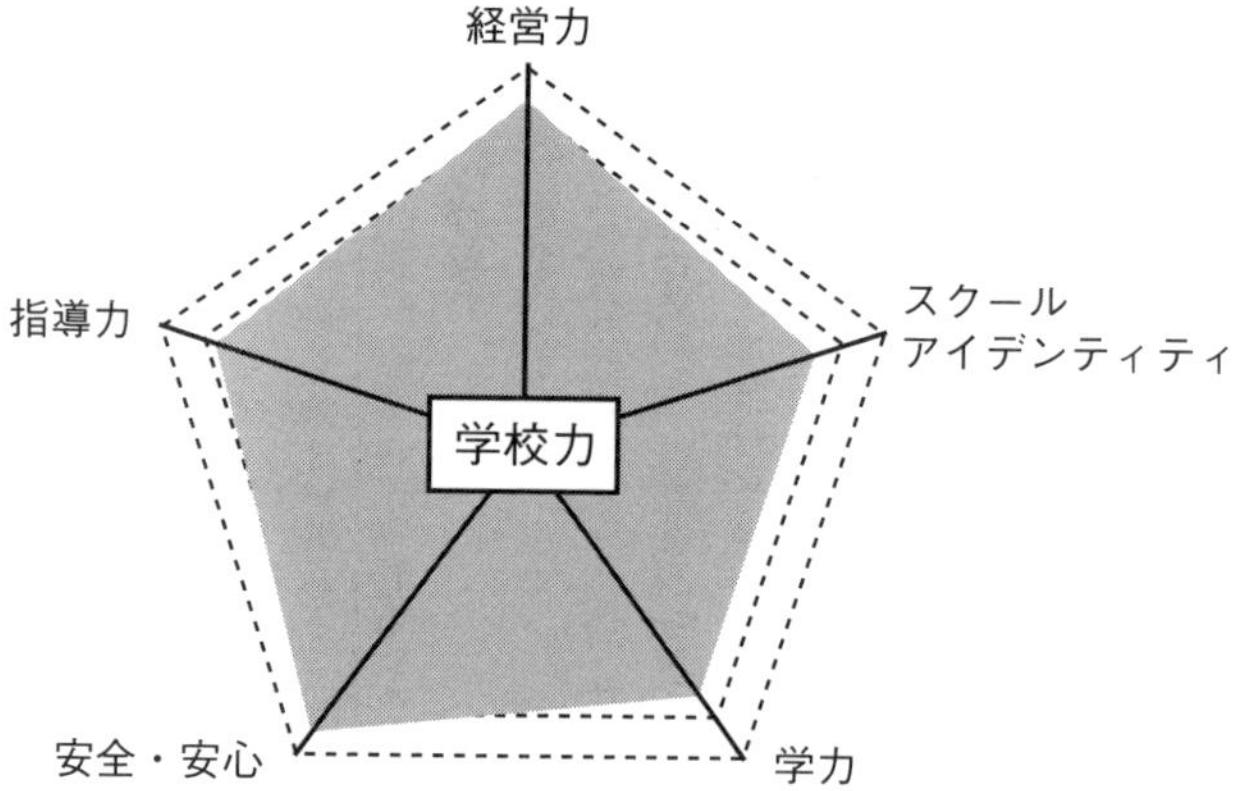

学校力の構築

あり、現場が取り組むべき課題や進むべき方向があると認識している。それは学校づくりにおける「現場主義」と言うことができる。現場主義は決して「這い回る経験主義」であってはならない。またそうした学校づくりではないはずだ。それは高い理想に立つ教育が行われる場でなければならない。わたしはそれを「今を生きる教育」を実現する学校づくりだと考えている。

「今を生きる教育」とは、子どもを小さな大人として捉えてはならず、また子どもを大人になるために今あると考えてはならない。まさに今あること、今の存在自体が子どもであると考え、教育はその今を生きるためにあるべきだとするものである。ヤヌシュ・コルチャックは子どもが「今を生きる教育」を享受するために、ユダヤ人の孤児たちのために学校を設立し、教育にあたったポーランドの精神科医であった。

これまで我が国の教育目標は今ある子どもの必要、子どもの欲求に向けられるのではなく、受験、将来の生活、もしくは社会発展に向けて準備するというものだった。言わば「備える教育」であったり、社会発展のためというような「〜のための教育」という、自分の外側にある目標に向けて学びが展開されていた。教育にはこうした部分、目標は欠かせないが、それが支配的になり、またこれが他を圧倒し、それぞれの発達段階において身につけ、経験しておかねばならない身体的、知的、精神的、道徳的成長が犠牲にされるようでは子どものための教育とは言えない。社会発展や国家の繁栄のための教育というような「〜のための教育」とか、進学や就職のための教育というような「備える教育」は教育のひとつの現実であり、教育の本質部分ではある。しかしそれだけではない。「今を生きる教育」も立派な教育であるし、それを教育活動の核心に置き、その活動を充実させる学校づくりが必要だし、そうした学校づくりの多様な戦略が求められるべきである。

しかるに基本法改正案は子どもの外の目標・価値を絶対視し、その観点から構成される教育を実現することをねらいとしているのではないか。教育基本法が教育目的とする「人格の完成」を「今を生きる教育」の実現から改めて問い直し、これからの教育の在り方を探っていくべきではないかと考える。コルチャックの思想は「子どもの権利条約」を生む上で大きな動機となった。権利条約の子ども観は今の生を確認、享受し、自己実現する存在、主体として、まさに「今を生きる」子どもである。条約の根底にある思想こそ「今を生きる教育」である。この「今を生きる教育」を「人格の完成」をめざした教育として再定義し、それを可能にする学校づくりが必要だろう（拙論「教育基本法と子どもの権利条約」『学校運営』二〇〇〇年一〇月）。

3　教育基本法改正案と社会教育

佐藤一子（日本社会教育学会・東京大学）

はじめに——「社会教育」概念の理解と本報告の視点

(1)　教育基本法第二条と社会教育法の規定

社会教育は、教育基本法によって戦後初めて体系的な法的根拠を与えられた。第一次アメリカ教育使節団報告書において国際的な成人教育についての認識がもたらされ、教育刷新委員会では、前文と第一条を受けて、第二条で社会全体の教育への認識と教育原理・方針の革新が議論され、途中で第七条（社会教育）が起草されている。

一九四九年に制定された社会教育法の第一条では「この法律は、教育基本法の精神に則り、社会教育に関する国及び地方教育団体の任務を明らかにすることを目的とする」と規定されており、さらに、教育基本法第二条（教育の方針）の条文が社会教育法の第三条（国及び地方公共団体の任務）の条文に直接引用されて、社会教育法体系の根底をなしている。

教育刷新委員会の審議過程では、当初、第二条の原案草稿の英訳に 'Education should not be limited to the school alone but embracing every cultural and social activity of Adults' という文言があったが、第七条（社会教育）を起草するにあたって明治期以来日本で慣用語となっていた「社会教育」の用語が条文に採用され、第二条から上記の文章はなくなり、「あらゆる機会に、あらゆる場所において」（on all occasions and in all places）という文言が入った。他方、第七条（社会教育）では英訳として social education が採用された。その意味で、第二条と第七条はもともと社会教育に直接言及し、相互に密接な関連性をもつ条項であるとみなされる。教育基本法第二条の「あらゆる機会に、あらゆる場所において」の文言によって、教育基本法が社会教育をふくむ広義の教育の社会的認識によって法の対象をとらえていたことは、世界人権宣言第二六条の教育権規定や欧米の教育権規定にも明記されていない日本の教育基本法の先見性を表している。（注記　傍線は特に断らない場合、筆者による。以下同様）

日本社会教育学会は The Japan Society for the Study of Adult and Community Education の英訳名を使用している。この英訳名には、社会教育の概念が、adult education という英米的な成人教育理念を包摂しているだけではなく、地域にねざし、すべての住民と子どもたちの参加を視野に入れた地域文化、地域づくり的な幅広い活動を含んでいるというとらえ方が反映されている。文科省や外務省の文書では、NPOや住民の自治活動のなかでの自主的な学習の推進をふくめてとらえる場合に、社会教育が non-formal education と英訳されることが多い。近年では、国際的にも青少年の社会参加、NPO活動、発展途上地域のコミュニティ教育を視野に入れる場合に、adult education よりも non-formal education が一般に用いられていることと共通性がある。社会教育は戦前からの日本的な用語ではあるが、教育基本法の立法過程で現代的、国際的発展が先取りされ、社会教育の総合的な法の制定にも影響を与えるという先駆性をもっていたのである。

(2) 生涯教育・生涯学習の理念と社会教育法概念

一九六〇年代後半に「生涯教育・生涯学習」(lifelong education, lifelong learning) の理念がユネスコ成人教育委員会の場で提唱され、一九七〇年代以降、社会教育政策においても「生涯学習の推進・支援」が主要な流れとなった。現場でも、「社会教育」「生涯学習」の二つの用語があまり区別なく用いられる状況がみられる。

生涯学習は本来、幼児教育・学校教育をはじめあらゆる学習過程を包摂するより包括的な用語であるが、教育基本法に規定された社会教育の概念もきわめて幅広く、行政の関与する部分を越えた国民の自己教育・相互教育・学習、さらには職場教育、大学開放など、学校後、学校外の教育・学習活動をほぼすべて包含している。社会教育は公教育性をもつとはいえ、学校のような制度的範疇におさまるものではない。むしろ公が関与しない機会、場所において自主的に展開される教育・学習、文化・スポーツ活動などを国・地方自治体が奨励し、環境醸成をおこなうという点に社会教育の法原理が示される。

国家権力が介入・統制をすることなく、国民の自由な活動をいかに奨励・援助するかという問題が、社会教育法制定にいたるまで国会で審議されていた問題である。そして、それは単に法原理の問題にとどまらず、戦前の社会教育が教化総動員体制のもとで内務省の政策に統合され、文化政策をふくめて軍国主義的国民統合のための教化総動員体制に寄与していった歴史への反省にもとづいている。

現行法の社会教育条項は、憲法的人権規定に立脚しつつ、国・地方自治体と国民の教育・学習活動の関係を自由権的原理によって規定しているが、同時に、現代的人権にねざし、社会的弱者の学習権をささえる政策が住民参加と合意によって推進されるという地方自治・住民参加の制度的保障をもっているという点で、社会権的な学習権を発展させる根拠を内包している。今回の改正案では、以上のような社会教育概念の歴史的経緯と現代的な発展をどう理解し、それにふさわしい公共性原理を新たに規定しようとしているのか、改正の根拠について説得的な説明がなされていない。

本報告では教育基本法の社会教育法概念をめぐる理解を深め、関連する四つの点にしぼって改正案の問題点を検討する。

1 教育基本法第二条の「解体」による教育の社会的認識の拡散

(1) 第二条における教育の社会的認識

改正案では第二条（教育の方針）が、二〇の徳目を列挙した「教育の目標」に改訂されている。抽象的な教育目標を詳細にわたって国家的に法定することの問題性については、すでに多くの指摘がなされており、ここではくりかえさない。しかし、第二条（教育の方針）が解体されることによって、社会教育の概念、さらには教育全体の社会的な認識があいまいになり、教育の基本認識と法の理念構造が崩されることについては、必ずしも十分論議が深められていないと思われる。

「教育の方針」は、英訳ではEducational Principleとされており、一九四六年十一月頃と推定される草案段階の英文では、The Principles of Educational Policyとなっている。[1]つまり「教育の原理」、ないしは「教育政策の原理」が第二条の趣旨である。教育法令研究会『教育基本法解説』(一九四七年)では以下のように解説されている。[2]

「教育の目的が、あらゆる機会に、あらゆる場所において実現されなければならないとあるのは、今まで教育といえば学校の教場でするものというような感じが一般にもたれ、(中略)その後の研究修養をかえりみない弊風があったことに対して、社会のあらゆる場所において、あらゆる機会を利用して教育が行われなければならないことを強調するのである」「今後の日本においては、学校教育と並んで社会教育が大いに尊重され、振興されなければならない。そのため本法で特に第七条として社会教育の条項を設け、その原則をうたったのである。進んでは、新聞、出版、放送、演劇、音楽、その他の文化施設が教育的考慮のもとになされ、国民相互に教育し、教育されるということにならねばならない」

この最後の行文は特に重要であり、当時の文部大臣田中耕太郎も全く同じ文言で文化、芸術、メディアと関連づけて、第二条が社会教育をふくむ教育の振興の方法に関する条文であるとしている。[3]その振興の方針は、「学問の自由を尊重し、実際生活に即し、自発的精神を養い、自他の敬愛と協力によって、文化の創造と発展に貢献するように努めなければならない」とされた。この「努めなければならない」の主体は、憲法及び教育基本法前文の文脈から「われら」(主権者である国民)であり、教育行政の第一義的責任者である国家は国民からその任務を付託されていると理解される。(英訳でも'we shall endeavor to contribute to...'

となっている）

改正案では、第二条の「学問の自由を尊重し」は、「尊重しつつ、次ぎに掲げる目標を達成する」という規制を加えた表現に変えられ、そのあとの「実際生活に即し」以下の文言はすべて削除されている。「自発的精神を養い」は「自主及び自律の精神を養う」となり、「文化の創造と発展に貢献する」は、五項の「伝統と文化を尊重し、それらをはぐくんできた我が国と郷土を愛する……」の文言に変えられている。しかも主語・述語は、「教育は……行われるものとする」となっているため、誰が主体なのかわからない。「あらゆる機会に、あらゆる場所において」は、後述するように異なる文脈のもとに改正案第三条（生涯学習の理念）に登場する。このように第二条の根幹となっていた文言が改正案ではすべて削除され、解体され、教育の責任主体は明示されず、そこにこめられていた教育革新の視野、方法原理が見失われているのである。

(2) 国民の教育・学習観の革新

現行法第二条は、社会全体における幅広い教育への視野と認識をもっているというだけではない。子ども、大人をとわず、国民の教育・学習観の革新がここで提起されている点に注目しなければならない。教育法令研究会の解説には、「国家主義的教育の弊害は大きく深いものであった」として以下の四つの点があげられている(4)。

第一に、教育が中央集権化されて、教育の自主性が尊重されず、学問研究の自由が不当に束縛される傾きがあったこと。第二に、教育内容が画一的、形式的で、学生生徒の自発的精神を養うことができず、道徳に関する一つの型が決められて、それにあてはめ、自ら進んでいくという内面的な自主的精神の養成がなされなかったこと。第三に、神社神道が国教的な地位を占め、学校教育にとりこまれたこと、第四に、「国家を唯一の価値の標準とし、国家を超える普遍的政治道徳を無視する教育を行った結果、自国の運命を第一義的に考え国際間の紛争を武力でもって解決しようとする武力崇拝の思想が教育の中に侵入してきた」ことである。

第二条は、こうした過去の教育のあり方に対する新しい教育のあり方を提起している。「実際生活に即し、自発的精神を養い」について、宮原誠一は、この「短い一句のなかには、教育と生活との結合ということの長い歴史がつつみこまれている」「自発性がないところに創造性はなく、創造性を欠いた教育のいとなみは、いかにしても文化の創造と発展に寄与することはできない」と解釈している。[5] この解釈にあるように、第二条は、社会教育を領域的に位置づけるというより、教育の方法原理としての進歩主義的な教育観、人間観、社会と文化の発展にとって教育がいかに重要な役割を果たすかという教育哲学的な認識、公教育の基礎におかれるべき教育観についてのべた条文であるといえる。

社会教育法第三条では、教育基本法第二条を受けて、「すべての国民があらゆる機会、あらゆる場所を利用して、自ら実際生活に即する文化的教養を高め得るような環境の醸成」が「国及び地方公共団体の任務」であると規定している。「すべての国民」には、成人はむろんのこと、子どもたちもふくまれている。そして重要なことは、教育基本法で用いられている「国民」の公式英訳が the people であって、the nation ではないという点である。つまりここには日本国籍をもたない在住外国人もふくまれている。成人の学習に加えて、子どもたちの学校外教育、地域体験活動、世代間交流や地域文化活動、外国人の識字教育や多文化教育実践、障害者・児童の交流教育や就労支援などの社会教育活動の多様な発展を促してきた社会教育の理解が、教育基本法第二条とそれを受けた社会教育法第三条の規定に示されているのである。

(3) 「文化の創造と発展に貢献する」ことと世界人権宣言第二七条

補足しておく必要があるのは、「文化の創造と発展に貢献する」という第二条の文言と世界人権宣言第二七条(文化的生活に関する権利)との関係についてである。世界人権宣言第二七条一項は以下のようにのべている。

「すべて人は、自由に社会の文化的生活に参加し、芸術を鑑賞し、及び科学の進歩とその恩恵にあずかる権利を有する」

この条項は、一九六九年の「経済的、社会的及び文化的生活に関する国際人権規約」(A規約)で「文化的生活に参加する権利」として明文化され、さらに一九七六年ユネスコ総会で採択された「大衆の文化的生活への参加及び寄与を促進する勧告」(Recommendation on Participation by the People at Large in Cultural Life and their Contribution to It)において詳細に提言されている。同時に採択された「成人教育の発展に関する勧告」(Recommendation on the Development of Adult Education)の冒頭では、世界人権宣言第二六条と第二七条の二つの条項に言及して以下のようにのべている。

「すべての者の教育への権利ならびに文化的、芸術的および科学的な生活に参加する権利を保障しかつ明記した世界人権宣言第二六条および第二七条で規定されている諸原則ならびに経済的、社会的及び文化的権利に関する国際規約第一三条および第一五条で規定されている諸原則を想起し、……」

以上の言及に明らかなように、教育基本法第二条の条文は、世界人権宣言第二六条の教育権規定にとどまらず、第二七条にうたわれた文化の創造に寄与する「文化的生活への参加」の視点を内包しており、一九六〇年代から七〇年代に国際的に論議される内容を明確に先取りしていたといえる。

以上のべてきた教育原理的、および歴史的・国際的視野をもっている教育基本法第二条の意義を再認識し、その解体が及ぼす影響について十分な検討が必要であると考える。

2 改正案第三条（生涯学習の理念）挿入の矛盾

(1) 政策概念としての「生涯学習」と改正案第三条

生涯教育・生涯学習という用語は、一九六五年にユネスコ成人教育委員会でポール・ラングランによって提唱され、国際的に通用している。日本の教育政策文書では一九六九年の中教審答申中間報告でこの用語が用いられて以来、教育政策の中心的な柱にすえられてきた。学界でも「社会教育・生涯学習」という用法は市民権をえている。この意味で、生涯学習という用語には、社会教育という概念に対して新たに付加する内容が含まれていることは明らかである。

一九九〇年には「生涯学習の振興のための施策の推進体制等の整備に関する法律」（生涯学習振興整備法）が制定されている。この法律は、文部省（当時）以外に通産省（当時）を所管省とし、あわせて労働行政と福祉行政の施策と連携するとされており、生涯学習が法・政策レベルで教育政策の範疇を超えた施策の対象となっていることが示される。「生涯学習体系への移行」を提唱した臨時教育審議会答申では、特に習い事等の生活文化活動と民間の教育文化産業（カルチャーセンター等）が具体的に言及されている。ここにも、政策上の生涯学習のとらえ方の特徴がみられるといえよう。

このような生涯学習の法・政策上の用法をふまえて、新設された改正案第三条（生涯学習の理念）を読むと、この条項の位置づけ・内容に疑念が生じる。

第一に、生涯学習の定義と教育基本法に条文化する目的が明記されていない点である。

現行法では、第二条（教育の方針）と第七条（社会教育）があいまって、社会教育の定義を示し、それが社会教育法に直接反映される構造になっている。そして、国・自治体の奨励という関与のあり方を明確にするという法制定の目的が示されている。しかし、この改正案第三条はこうした定義や目的への言及がなく、不明確な位置づけとなっている。

生涯学習は学問的には、生涯発達における心理的過程や経験に付随した個人の内省的な学習など、インフォーマルな学習の営為をもふくむ概念である。これに対して社会教育の法制上の対象は、社会教育法第二条に「学校の教育課程として行われる教育活動を除き、主として青少年及び成人に対して行われる組織的な教育活動」と限定的に定義されている。つまり、理念としてはあらゆる機会、あらゆる場所における生涯にわたる個々人の学習を包摂しながらも、法の対象としては「組織的な教育活動」に限定している点に社会教育法概念の特徴がある。このように限定されているとはいえ、社会教育政策の範疇・対象には青少年活動はむろんのこと、地域住民のグループ・団体の学習活動、大学・学校開放、職場教育、文化・レクレーション活動、通信教育（遠隔教育）などが幅広く含まれる。学校教育課程外の「組織的教育活動」という社会教育の定義からすれば、民間カルチャーセンターや企業内教育などの市場・私企業の教育機会もふくまれるが、それらは国・地方公共団体の関与するものではないことも法の趣旨であると理解される。

一九九〇年の生涯学習振興整備法には通産省との共同所管という側面から文化産業としての生涯学習機会の提供が含まれている。たとえば子どもの進学塾は、形式的には社会教育の範疇にはいるが、民間企業経営の場合、国が直接に教育目標を付与したり、関与するものではない。社会教育行政は、民間団体、事業体などと幅広い接点をもちながら、営利的行為、宗教的活動、党派的政治活動には関与しないという基準で一線を引くという公共性の判断が常に問われる。民間企業が公共施設の受託者となった場合でも、企業経営とは異なる公共性の基準が求められるのである。

社会教育の法規定が「学校の教育課程として行われる教育活動」を除外しているため、生涯学習の理念を用いることによって、放送大学や高等教育機関への社会人正規入学などの学校教育課程をも対象とするると考えられるが、改正案第三条の条文では、こうした対象の定義や国・地方公共団体がどのように関与するのかという点が具体的に言及されておらず、改正案第一二条（社会教育）との法概念上の異同、相互関係もあいまいである。

一方で、教育基本法の社会教育概念自体が幅広く、生涯学習はさらに幅広く市場的機会として広がっているという実態があり、他方で、学校をふくむ教育体系全体を生涯学習の理念で包括するには理念も機会も熟していないなどの問題状況がある。新設の第三条は屋上屋を架す、ないしは「国民一人一人が、自己の人格を磨き」というような個人の視点から生涯学習をむしろせまくとらえるなど、用語の用法も定義も教育行政上の国の関与も、全体として矛盾したあいまいな認識にとどまっていると思われるのである。

(2) 改正案第二条（教育目標）と第三条（生涯学習の理念）の関係

第二に問題となるのは、改正案第二条（教育目標）を受けて、この第三条が規定されている点である。生涯学習は、なんらかの限定をつけない場合、先にのべたように個々人の心理的な過程まで包摂される。このようなインフォーマル、インヴィジブルな過程をふくむ生涯学習と改正案第二条の二〇に及ぶ教育目標との関連づけはどのように考えられるのであろうか。個々人の内心の自由、さらには先にあげた進学塾のような事業における市場の自由という観点からみて、これは明らかに憲法的原則に反する。

近年の国際的な生涯学習論では、「自己主導的」(self-oriented) な学習という学習者の主体性尊重の立場が主流となっている。生涯学習を政策化する場合は、たとえば社会的に排除されている人々の参加への支援など、機会均等性の根拠にもとづいて移民や失業者などへの成人教育が具体化されている。一九八五年に第四回ユネスコ国際成人教育会議で「学習権宣言」が採択され、自発性にもとづく成人教育から、生存権的、社会権的な原則にたつ学習機会の保障へと重点が変化してきている。たとえば、ヨーロッパでは社会的に困難をもつ人々の識字・職業教育、多文化共生教育などを生涯学習政策として推進し、そこには一般企業等の就労支援事業もプログラム化されている。公共的性格をもつ生涯学習の事業が民間産業もまきこんで実施されている。ＩＬＯの有給教育休暇条約・勧告は、企業で働く労働者の学習権保障のひとつの形態であり、生涯学習の公共的側面を発展させた現代的な制度化といえる。

教育基本法の社会教育規定は自由権的な原理に重きをおいているが、憲法に則っているという意味で、社会権的な教育を展望することは十分に支持されていると考えられる。

改正案第三条は、自己主導的で市場をふくむ「私」の自由に委ねられるべき生涯学習にも「我が国と郷土を愛する」などの教育目標を付与し、民間や市場における生涯学習まで無制限に統制することになる。改正案ではこうした矛盾した論理をあいまいにしたまま、この条項が挿入されているといえよう。

(3)「勤労の場所」の文言の削除

現行第七条（社会教育）の条文で、「家庭教育及び勤労の場所その他社会教育において行われる教育」として位置づけられていた「勤労の場所」という文言が、改正案第三条、第一二条の双方で削除されていることも問題点として指摘しておきたい。改正案では、第二条（教育目標）に「職業及び生活との関連を重視し、勤労を重んじる態度を養うこと」が条文化されているが、「勤労の場所における教育」は、教育目標にもとづいて規定されているものではない。前項でのべたように、まさに市場や職場などをふくむ「場」としての規定に意義がある。改正案第三条、第一二条とも、「勤労の場所」の教育の奨励という公の責任の視点が欠落しており、現行第七条（社会教育）よりも後退しているのである。フリーター問題や女性の再就職、起業等をめぐって職業教育への関心が高まっている今日、なぜこの文言が削除されたのか、不可解である。

③「家庭教育」、「学校、家庭及び地域住民等の相互の連携協力」の条文新設と「家庭責任」の強調

(1) 社会教育行政と家庭教育支援

改正案では、第一〇条（家庭教育）と第一三条（学校、家庭及び地域住民等の相互の連携協力）が第一二条（社会教育）をはさんで、新たな条項として設けられている。この二つの条項とも、第三条（生涯学習の理念）と同様に、社会教育との関連が問われる。

現行法第七条（社会教育）では、「家庭教育及び勤労の場所その他社会において行われる教育」を社会教育における奨励の対象として位置づけており、その原理はすでにのべたとおり自主性の尊重と支援である。教育基本法制定時にも、家庭教育の重要性についての認識はあったが、公教育法の性格からそれを社会教育において言及し、国や自治体が間接的に奨励するにとどめてきた。実際、ＰＴＡの成人教育活動や家庭教育学級、子育てサークルの支援など、社会教育における親たちの相互学習にかかわって家庭教育支援がおこなわれており、さらに、学・社連携によって、学校への住民参加や総合的な学習をささえる地域体験学習、学校と公共図書館・博物館の連携なども活発におこなわれている。

こうした現状があるにもかかわらず、社会教育における位置づけからはずして、特に二つの条項を新設したねらいはどこにあるのだろうか。

(2) 改正案における「家庭責任」の強調

改正案第一〇条では「父母その他の保護者は、子の教育について第一義的責任を有する」という考え方にたって、具体的に生活習慣を身につけさせ、自立心を育成し、心身の調和のとれた発達を図るように「努めるものとする」とすると規定されている。

第一二条では、「学校、家庭及び地域住民その他の関係者は、教育におけるそれぞれの役割と責任を自覚するとともに、相互の連携及び協力に努めるものとする」と規定されている。この二つの条文に共通している点は、保護者の家庭責任の強調と国家による義務づけという論理である。

家庭教育は「教育」の過程というより、日常的な生活的営為をつうじて、親子・家族の内部における私的なコミュニケーションが交わされて、共に生きるなかで、養育（ケア）や文化的伝達がおこなわれているものである。「子どもは親の背中をみて育つ」という言い習わしにもあるように、家庭教育という「教育」の実体を規定することは難しい。しかし改正案では、当為・規範としての「家庭教育」を法の対象とし、「努めるものとする」という法的な用語によって、国が直接保護者にたいして努力義務を課し、しかもその「家庭教育」を第二条の教育目標によって国家的に規定している。

ここでは、社会教育という本来的に自主的な活動分野において、その活動を奨励するという現行法の国家と国民の関係は一八〇度転換させられている。子どもを権利行使の主体ととらえる子どもの権利条約はむろんのこと、福祉に欠ける子どもについて、国が保護する責任があるという児童福祉の基本原則もふまえられていない。異なる宗教や生活文化をもつ外国人の家庭を例にとるまでもなく、この条項は内心の自由への侵害であるとともに、公共の福祉に対する公の責任を逆立ちさせて、むしろ国家が個々の保護者に家庭責任を説いているのである。こうした教育法上の親義務の新たな規定は、民法上の親権との調整が不可避であり、国家が親権の行使を方向付けることは憲法上の問題に発展する。

(3) 田中耕太郎の家庭教育論

たしかに教育上、家庭が子どもの成長・発達に及ぼす影響は大きく、社会教育とは異なる教育として家庭教育の重要な意義を説く論者も少なくない。田中耕太郎は、『教育基本法の理論』のなかで、「家庭教育」に独立した一章をあてて、自らの説を開陳している。(6)

「家族は、……両親の教育権の座である。この教育権は本源的なものであり、世の中に存するあらゆる教育権はこの教育権から伝来したものである。両親はこの教育権を他の個人または団体に委任して子女の教育を行わしめるばかりでなく、家庭において自らこれを行使する。」「家族は本源的で完全な協同体である。（中略）ここでは自由と秩序、自発性の尊重とが高度において調和しているのである」

田中は、家族を形而上の教育的ゲマインシャフトととらえていると思われるが、「両親の教育権」の本源性を説いているという点では、改正案第一〇条とは対照的である。家庭と学校の関係についても、田中は第一二条の条文案とは反対のとらえ方をする。(7)

「両親と学校との連絡と協力の関係はまた教育協同体（Erziehungsgemeinschaft）とよばれている。それは教育権者の協同体であって、教育者と被教育者の協同体ではない。目的のためには種々の方法が考えられる。

例えば両親と教師の間の自由な話し合い、教師の家庭訪問、両親の学校訪問、各学級あるいは各学校についての両親と学校側との懇談会等である」

そして具体的にはＰＴＡ（両親と教師の会）とナチ政権によって撲滅された「両親評議会」（Elternräte）をあげている。この田中の説は、家庭の教育の自立性を認め、学校と対等の教育権者として両親と学校とが協同することを促している。現行法にもとづくＰＴＡや家庭教育学級の社会教育行政をさらに一歩すすめて、両親を権利主体ととらえ、七〇年代にヨーロッパで広がった学校参加のシステムの必要性を見通しているのである。

改正法案では第一〇条で親義務・家庭責任を説き、第一二条ではその延長に「役割と責任を自覚する」ことを強調し、その両方に「努めるものとする」という義務規定を課している。近年、子どもたちの自立の困難、青年の学校から社会への移行の困難は深刻化している。二〇代後半、あるいは三〇代になっても親世帯から自立できないような若者の就労困難・社会的困難が広がっている。こうした現実を社会的課題ととらえるのではなく、自己責任に帰する風潮が強まっている。改正案第一〇条、一二条はそうした親・保護者責任の条文化であり、教育への権利と機会均等の保障に関する憲法・教育基本法の原則を逆転させる論理を内包している。

4 地域社会教育計画への住民参加の制度的保障の根拠の削除

(1) 社会教育計画と住民参加制度

社会教育法では、第四章第一五条に「都道府県及び市町村に社会教育委員を置くことができる」と規定されており、その職務の筆頭に「社会教育に関する諸計画を立案すること」があげられている。学校の長や学識者、住民団体などの委員が委嘱され、地域の社会教育計画に関する調査をおこない、諮問に対する意見をまとめる。このような参加形態は、社会教育施設の運営審議会などをふくむ法制度として社会教育行政では一般に定着している。

社会教育行政における住民・専門家の参加の根拠は、今までのべてきたような教育基本法の社会教育観にもとづくものであり、特に第一〇条一項の後半部分「国民全体に対し直接に責任を負つて行われるべきものである」に由来する。国の責任が「奨励」であるのにたいして、国民の責任は、第二条にいうような自発的精神を養い、文化の創造と発展に貢献するように「努めなければならない」とされていることから、社会教育においては行政と住民の対等の協力・協働が当初から行政運営の原理となっていた。戦後直後から公民館委員会などの自治的な運営形態が根づいており、民衆大学などの自主的な実践も広がっていた。社会教育法は、そうした社会の自主的な教育・学習組織化の形態を尊重し、奨励し、かつ地方の社会教育計画の策定過程では、社会教育委員の制度化によってそうした教育自治的運営を反映させるよう考慮している。社会教育行政の分野は、本来、国よりも地方公共団体の役割が大きく、公共政策としての環境醸成のなかで住民自治的な運営形態が尊重されるという意味で、地方分権的な行政原則を先取りしているといえる。

(2) 教育行政及び教育振興計画における民意反映

しかし改正案では、第一〇条一項後半部分「国民全体に対し直接に責任を負つて……」が削除され、第一六条に「国と地方自治体との適切な役割分担及び相互協力」という教育行政の原理が示され、かつ第一七条（教育振興計画）においても、「地域の実情に応じ」という文言以外に、教育振興計画への民意反映と教育行政の住民参加原理に配慮した文言はもりこまれていない。

現行法第一〇条の「不当な支配に服することなく」という文言は、政治的論理にくみこまれない教育の自立性の保障とされてきたが、改正案では、市民団体や労働組合が条件整備を要望したり、国・自治体の教育政策に批判的立場で提言することが「不当な支配」と解釈されかねない逆転した論理となっている。

こうした教育行政の原則の転換と教育振興計画の策定は、現行法にもとづく社会教育計画の策定過程の実態と乖離しているばかりか、地域の教育力の衰退にたいしてその再生を求める近年の教育政策の動向にも反している。社会教育が多様な住民を担い手とする学習組織化の形態を包摂しており、社会全体における子育て、青少年の育成にも影響を及ぼす分野であることを鑑みると、むしろ社会教育行政の参加原理こそ、これからの地域にねざした教育行政と教育振興基本計画の原則として尊重されなければならないと考える。

むすび

教育基本法の社会教育観は、第一条の「平和的な国家及び社会の形成者として」の国民の育成に直接結びついている。その意味で、第八条の「政治教育」も社会教育の内容として密接なかかわりがある。しかし、その政治教育を公共の社会教育施設の事業として実施することがタブー視され、実際には住民企画制度を導入したプログラムについても講師の選択やテーマ設定に行政の介入がみられる。ジェンダーに関する講演や講座にはすでにそうした動きが広がっている。

改正案の第三条（生涯学習の理念）、第一二条（社会教育）はともに「国民一人一人」「個人の要望」という文言によって、個人主義的な学習観を前面に出しており、そのことがあたかも「自由」な生涯学習社会の像であるように描いている。しかし、その「自由」を保障する根拠がなんら明示されず、むしろ私的領域や市場の学習機会まで国家的教育目標で拘束しようとしているのである。

社会教育は、国民相互の協力・協同を基盤として市民性の涵養や社会参加を促すという重要な意義がある。それぞれの地域に歴史的に伝承されてきた個性ある地域文化を守り、育てることも、行政と市民との協力・協働なくしては達成されない。郷土の誇りとなるような地域文化が、社会教育法と社会教育施設をよりどころとして育まれてきた事例は枚挙にいとまがない。こうした戦後における社会教育の実践的蓄積を検証し、二十一世紀にむけて発展・拡充させていくうえで、現行教育基本法を十分に活かすことこそが課題となっているといえよう。

注

(1) 鈴木英一・平原春好編『資料　教育基本法50年史』勁草書房、一九九八年、五〇六頁。
(2) 教育法令研究会『教育基本法解説』鈴木英一編『教育基本法の制定』(教育基本法文献撰集Ⅰ) 所収、学陽書房、一九七七年、一六三〜一六七頁。
(3) 田中耕太郎『教育基本法の理論』一九六一年、一二五〜一二六頁。
(4) 前掲、鈴木英一編『教育基本法の制定』一二七〜一二八頁。
(5) 宮原誠一「教育の方針」宗像誠也編『教育基本法』新評論、一九六六年、一一二〜一一三頁。
(6) 前掲、田中耕太郎『教育基本法の理論』六二四、六二七頁。
(7) 同、六三〇頁。

4 日本の教育と教育基本法改正問題

広田照幸（日本教育社会学会・東京大学*）

1 はじめに

ここでは、教育基本法改正案（政府案）が想定している社会像を問題にしたいと思う。教育基本法改正問題は、教育によってどういう社会をつくっていくのか、という問題と関わっている。未来をどういう社会として思い描くかという点は、複数の構想がありうる。その複数ありうる社会構想の中で、今回の教育基本法をめぐる対立構造をどう考え、今後の対抗的な像をどう描くのか／どう描きうるのか、という問題を、長いタイムスパンの中で考えてみたい。私は、現行の教育基本法のほうが政府案よりもマシだと思うので、そのことについて話し、これからのことをどう考えればいいのか、について話したいと思う。

*報告時・東京大学／現・日本大学

2 社会の変化と「改正」論の台頭

(1) 公共性＝秩序形成の諸制度と個人

この間の変化を考える手がかりとして、図1をつくってみた。個人がどのような形で公共的な空間と関わるのか、という図でもあり、バラバラになりがちな個人を束ねて、どう社会が秩序形成していくか、という図でもある。

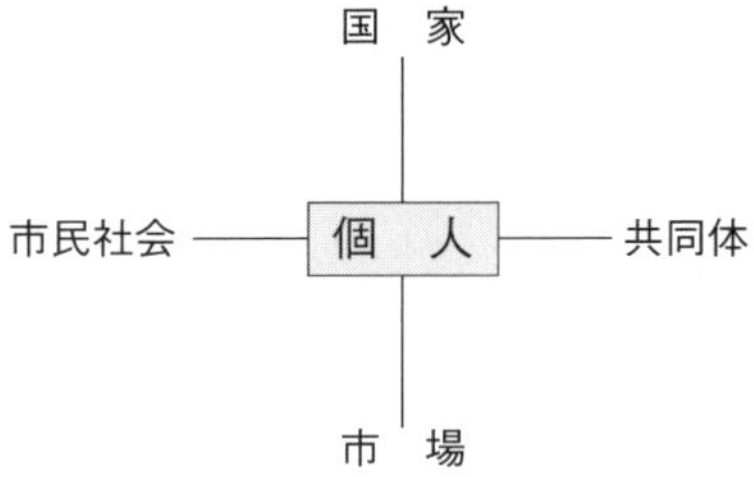

図１　公共性＝秩序形成の諸制度と個人

個人を真ん中にして、国家と市場という縦軸が一本。市場は、個人単位の競争や移動、個人単位の消費をもたらすので、市場経済が進展していくと、個人の人生は非常に流動的になり、リスクが高くなる。国家による市場の規制や社会保障は、そうした個人のリスクを集合的に調整しようとするものである。今の教育改革でおこなわれているのは、国家がいままでやってきたことを市場原理にゆだねるというような方向だが、ともかく、システムの調整メカニズムを国家に求めるか、それとも市場に求めるか、というのは、よく見かける軸である。

図1の横軸では、市民社会と共同体というものを入れておいた。いわば、個人と中間集団の関係の軸である。ここでは、「共同体」を価値や規範を共有することで成り立つ集団、と考える。それに対し、「市民社会」は、価値や規範を共有しない人たちが相互にめぐりあう空間、対話や討論や交渉を通してつく

りあげていく動的な秩序、と考えている。
この図をベースにして、考えていきたいと思う。

(2) いずれも両義的

まず第一に注意しなければいけないのは、ここに挙げたものは、いずれも個人にとって両義的だということである。国家は、ある側面では、一人ひとりのプライベートな空間や基本的自由の領域に権力的に介入してくるおそれがある。そういう意味では、国家が個人を脅かす存在になる可能性があるわけだが、逆に、安全や生活保障などの面で、国民一人ひとりの自由の条件を確保してくれる装置でもある。たとえば、先ほど述べたように、市場によってバラバラで不安定な状態に個人がおかれた時に、国家がいわば安定の場を提供することがある。つまり、個人にとって国家は、抑圧の源泉でもあり自由の保障者でもあるという、両義的な存在である。

そして、共同体も両義的である。共同体というのは、共有された価値やルールで、非常に居心地のいい空間である可能性もあるし、かつて社会保障の制度が不十分だった時代には、親族や地域共同体といったものが、いわば人生の危機の緩衝装置でもあった。そういう意味では、個人にとってプラスの面もあるし、逆に、特定の規範やルールを押しつけて、個人の自由な生き方を制約するものでもある。その点では、プラスでもマイナスでもある。

市場も同様である。市場も、個々人を孤立させて、勝者と敗者をつくりだす、という、個人にとって厳しい面もあるし、そうではなくて、個人を自由な契約主体にして、任意の移動を可能にし、新しい社会関係をとり結ぶ契機ともなる。市場は、他の諸制度にしばられた個人を解放して自由な関係をつくりだすための場でもある。

それから、ここでいう市民社会は、諸個人のもつ多元的な価値を損なわないで秩序が形成される、という点で、個人にとって共同体とは異なる大きな自由度がある。多様な価値観や生き方が許容される多元性の保障というようなものがあるわけだが、しかしながら同時に、市民社会が利害集団に細分化されて、個別のむき出しの利害が衝突する場になってしまう可能性がある。そういう意味では、市民社会的なモデルも決して個人にとってプラスばかりではない。

そして、図の真ん中に個人がいる。個人は、周りの制度の何かに包摂されたり、コミットしたりする一方で、制度から排除されたり自ら離れたりもする。すぐ後で触れるように、近年は、さまざまな制度的秩序から離れる個人というのが、よい意味でも悪い意味でも目立つ時代になってきている。「個人化」の時代である。それは、プラスともいえるし、マイナスともいえる。たとえば、共同体的なしがらみから自由になった個人というのを、ポジティブにみることもできるし、逆に既存の秩序につなぎとまらないバラバラな個人だとネガティブにみることもできる。既存の秩序から離れた個人自体も、非常に両義的な存在である。

(3) 戦後社会の変化と近年の状況

「いつになったら教育基本法が出てくるんだ?」と言わないでほしい。以上のことを話の前提にした上で、まずは、戦後間もなく教育基本法ができた頃のこと、戦後の変化、近年の状況について論じる。教育基本法がおかれてきた時代状況を、図1に関わらせて論じたいと思う。

教育基本法ができた頃というのは、いわば国家主義的な教育に対する非常に強い反省と批判があった時代である。国家が個人をのみこんでしまうような戦中期の秩序が厳しく否定されて、それが、新しい教育のあり方のスタートになっているわけである。当時はまた、個人を全人格的に従属させる共同体（イエ、ムラ）も、厳しく批判されていた。当時の農村社会は、「封建的」などという言葉でよく表現され、社会教育などは、それを変革しようとしていた。「民主化」の一面は、遅れた農村共同体やイエ制度からの個人の解放を意味していた。因習や権威主義に満ちた共同体が個人を不当に縛りつけていることを改善しようとしていたわけである。

いわば、国家の秩序や価値観につなぎとめられた個人、それから共同体の中に縛りつけられた個人といったものが、当時の日本社会の中での大きな課題であった。それを、克服するカギの一つが教育であった。「人格の完成」と「社会の形成者」という教育基本法第一条は、主体的な個人が民主的な秩序を自らの手でつくる、という社会モデルであった。それは当時の日本社会の実情からいうと、非常に理想主義的なものであった。

ちなみに、教育基本法が想定しているイデオロギー的な枠組みは、リベラルな教育とリベラルな民主主義社会のイメージである。だから、今となっては忘れられていることだが、教育基本法ができた当初は、しばらくの間、ラディカルな左派からはあまり評価されなかった。社会主義の到来を歴史的法則とみなしていた立場からみると、リベラルな個人が、多元的な価値をもって民主主義の社会を形成するといったような像は、ずいぶん生ぬるいものに映ったようである。

しかし、社会主義的な勢力が退潮し、冷戦体制が終わった今になってみると、教育基本法のリベラルな枠組みと理想主義とは、かえって、なまじっかな時代の変化に左右されない「深さ」があったのではないかと思われる。ポスト冷戦期の内政や外交は、イデオロギーの対立軸も利害の対立軸も錯綜し、きわめて不透明である。冷戦期には、東西両陣営というわかりやすい大きな選択肢があったのに対し、現代は、社会が進む方向を自分たちで賢明に判断して決めていかねばならない時代となっている。だからこそ、現在の教育基本法のような、多元性を許容するリベラルな民主主義社会の枠組み、当事者が「社会の形成者」として民主的に自己決定する社会像みたいなものが、かえって魅力と重要性とを高めてきているのではないかと、私は思う。それについては後ほどあらためて話したい。

さて、戦後というのは、「高度成長」という大きな経済変動を経験し、図1でいうと、市場が社会のあり方を大きく変化させた時代である。一九六一年ぐらいの岩戸景気あたりで、社会が完全雇用状態になってくる。それまで、農村の秩序などにしばりつけられていた二・三男なども、どんどん労働市場にでてきて、都市で自由な生き方を模索するようになっていった。市場による個人化、すなわち、労働市場を含めた市場の力が、共同体から切り離された個人を生み出していったのである。

旧来の秩序が解体・風化していく中で、日本の国家は長い間、個人の思想や自由に介入して秩序を再構築するという戦略の発動を手控えてきた。戦中期への記憶が生々しい国民の間に、国家による思想や道徳への介入に対する強い警戒心があったからである。国家は別のやり方で秩序形成に関わった。すなわち、民間の経済活動にさまざまな規制をかけることでむき出しの市場競争にならないような調整をおこなうとともに、社会保険などさまざまな社会保障のしくみを整備して、自由に浮動する個人の人生を安定させる装置をつくりだしてきた。

自由な競争にもとづく市場の力というのは、共同体を破壊してきた。農村共同体を破壊していく。家制度・親族ネットワークも必要なくなっていく。一九九〇年代までには、核家族を除くあらゆる集団において個人を包摂・規制する力が弱まっていった。核家族が親密な共同体としての「最後の砦」となってきて、今、それが「家族の個人化」で揺らぎはじめているが、ともかく、戦後の市場個人主義（market individualism）は、共同体的な社会関係を侵食し続けてきた。ただし、注意が必要なことは、「価値や規範を共有し、情緒的な一体感で結ばれた共同体」は、個人化の進展の弊害に対する処方箋として、くり返し持ち出されてきている考え方であるということである。地域であれ、組織であれ、学級運営であれ、さまざまな場面で、多くの人々の間では、価値や規範の共有や情緒的な一体感の形成が、「よきもの」としてイメージされ続けてきていることを見落としてはいけない。

それからもう一方で、一九六〇年代頃から、市民という言葉が出てきて、新しい連帯的な社会関係を足場としていこうとする動きが出てきた。「市民運動」とか「市民社会」といった語が広く使われるようになった。しかしながら、まったく価値観や考え方、生き方の違う人たちが、相互に認め合いながら折り合いをつけていくといった意味での市民社会的な原理は、日本の社会には、なかなか形成・定着してこなかった。実際には、先ほど述べたように、すぐに共同体的なイメージを呼び出して、価値の一元化と一体感を求めるようなものが、割合強かった。

ともかく、市場の力が個人を共同体から引きはがしていく中で、国家は、個人の思想や自由への介入という手法ではなく、競争の規制と生活の条件整備という手法で、個人の安定化を図ってきた。共同体的なものは、実態としてはどんどん衰退・駆逐されていく。市民社会は未成熟。市場の圧倒的な影響力の中で個人化が一貫して進んできたというのが、この間の変化だと思う。

　現代の状況を考えるためには、もう一つの変化として、グローバル化を挙げておかねばならない。図1は、日本の「国」という単位を頭において描かれているが、これとは違うところに、もう一つ変化の要因がある。世界中がグローバル化の中に巻き込まれている。

　グローバル化（globalization）は、国際化（internationalization）とは異なり、選択の余地のない、システム全体の再編成を意味している。日本では、一九八五年のプラザ合意あたりから、すなわち、それまでの安い労働力コストでの輸出ができなくなった頃からグローバル化のインパクトが無視できなくなってきたのだが、特に、一九九〇年代の後半には、

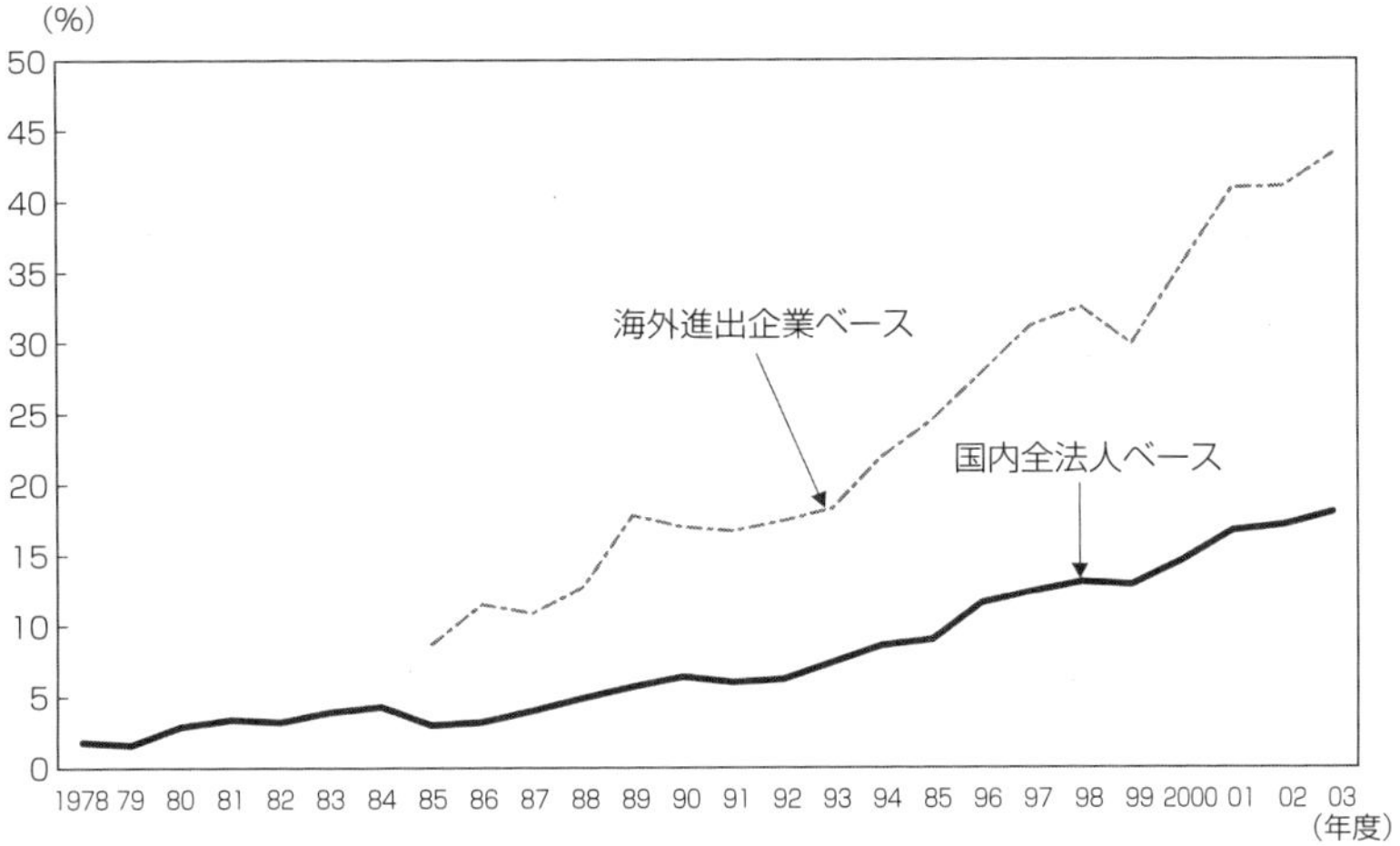

資料出所　経済産業省「海外事業活動基本調査」
（注）1）国内全法人ベースの海外生産比率
＝現地法人（製造業）売上高／国内法人（製造業）売上高× 100
2）海外進出企業ベースの海外生産比率
＝現地法人（製造業）売上高／本社企業（製造業）売上高× 100
3）2003 年度は見込額

図２　製造業の海外生産比率の推移

（『労働経済白書（平成 16 年版）』）

今後の社会のあり方を考える枠組みの中心的な要素に浮上してきた。図2は、『労働経済白書』でみた「日本の製造業の海外生産比率の推移」である。海外進出企業で、どれくらい生産を海外の拠点でおこなっているか、ということで、八五年頃にはまだ非常に少なかったのが、一九九八年には海外進出企業では現地法人の売上高が三〇%を越え、近年は五〇%に近づいている。図3は、株式の保有比率の推移である。注目すべきは、やはり、八〇年代の終わりくらいから、外国人による株式保有が非常に増えていることである。日本から外にも出ていくし、外から日本へも来るようになっている——そういう状況である。

グローバル化は人口の移動を増加させることにもなる。日本社会のこれからを考えると、来住する外国人の増加、という点をきちんと考えておかないといけない。外国人登録者は、二〇〇四年の終わりに、約一九七万人である。また、結婚総数の五・五%は国際結婚（夫または妻のどちらかが外国人）である。一九七〇年頃は、大体〇・五%ぐらいにすぎなかったから、ずいぶん増えつつある。人も動くし、

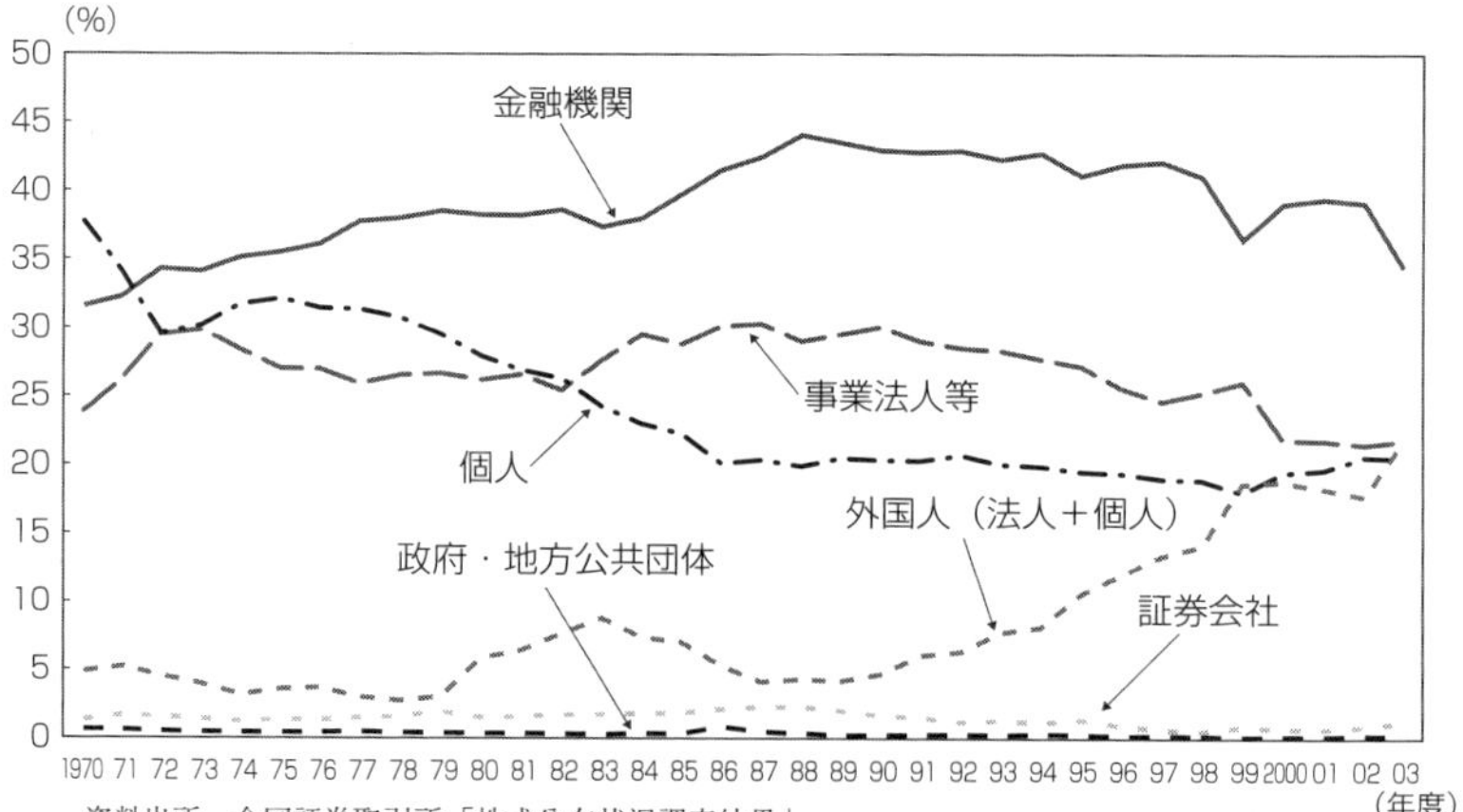

資料出所　全国証券取引所「株式分布状況調査結果」

図３　投資部門別株式保有比率の推移

（『労働経済白書（平成17年版）』）

金も物も動く。情報も動く。グローバル化が急速に進む。そのことを図1に重ねて考えなくてはいけない。

(4) 教育基本法改正論(政府案)の性格

さて、教育基本法の改正案(政府案)は、そうした、戦後社会の変化と今後のグローバル化の進展に対応しようとするものである。「復古」とか「回帰」というイメージで改正案を見るのは一面的すぎるだろう。どう対応するかというと、バラバラになっていく個人というものを——特に市場競争の激化とグローバル化の圧力によって個人がますますバラバラになっていくから——、国家と共同体を重ね合わせる形で取り込む、それによって集団としての凝集性をつくりだそうとしている。国民国家の共同体性を強力なイメージとして再構築して、そこに個人を帰属させる形で秩序を再構築しようということである。つまり、ネーションの再活性化を共同体モデルでやろうというのが、いまの教育基本法がもっている社会像である。だから、図1の「国家」と「共同体」をイコールでつなぐ形で、「国を愛する心」の教育イメージが存在している。いわば、図の右半分をぐっと囲む半円形で社会像が描かれているのが、今の教育基本法政府案であるといえる。

そこでは、公定された「正しい社会像・人間像」が教育を通して教えられる。それを通して、「国民」というメンバーシップで画然と区別された集団の一員として、外に向かっては閉ざされた集団をつくることになる。内に向かっては、価値や規範の習得、態度の形成といった形で均質化や画一化が求められる。いわば、社会の変動の中で、国境を高く築きなおして、中を均質な空間として再形成していこうというのが、現在の政府案だといえる。

3 改正案の愚かさ

それに対して、私は、昨年（二〇〇五年）、『《愛国心》のゆくえ』（世織書房）という本を出したが、そこでは、こういう方向の改正案は「徳も得もない」と述べた。ここでは二点論じておきたい。

(1) 「教育問題」への対応？

一つは、個人化にともなうさまざまな教育問題というレベルで考えた時に、規範や徳目を教えるという道徳的な教え込みで、そんなものは解決するわけがない、と書いた。これについてはごく簡単に触れるにとどめるので、本の方をみてほしい。規範や徳目を教え込んだら、それが身について、非行や不登校がなくなる——そんなわけはない。そこにあるのは、「教えたらその通り学んで、その通り動く人間ができる」という、非常に粗雑な教育モデルである。価値や規範は知識よりもはるかに教えにくいものである。特に問題を抱えたり、マージナルな位置におかれたりして、教育関係になかなか乗ってこないような子どもにとっては、価値や規範の教え込みは、権力的な押しつけでしかない。それらを教え込ませることで教育問題を解決しようというのは、人がものを学ぶこと、学んで成長することのプロセスがもつ微妙さをちっとも理解していない暴論である。

(2) 時代遅れの改正案

もう一つは、この改正案は時代遅れだ（!）ということである。どこが時代遅れか、というと、まさに今動きつつあるグローバル化のインパクトを組み込んで未来社会を描いていない、ということである。

今の政府案の枠組みが取りまとめられたのは、二〇〇三年三月の中教審答申だが、同じ二〇〇三年十二月には、ＡＳＥＡＮ諸国首脳が東京に集まって、小泉首相が東アジア共同体の構築に向けた東アジア協力の深化・推進をぶち上げている（東京宣言）。長期的な国策として、東アジア共同体の構築の方向に歩み出したということである。

一九九〇年代初めぐらいから、ＡＳＥＡＮでは相互の連携の深化が進んでいた。一九九七－九八年にかけてのタイのバーツ危機があって、一国レベルの経済システムでは、グローバル化の中で弾き飛ばされてしまう、ということが明瞭になり、ＡＳＥＡＮが、急速に連携を強めていく。それに、中国と韓国と日本がくっついていくような形で、今、東アジアの共同体構想が進み始めているのである。東京宣言についていうと、小泉首相が素晴らしいというよりは、中国がＦＴＡ（自由貿易協定）の交渉などで、どんどんＡＳＥＡＮの方に連携の手を広げてきているので、日本としてもやはり動かないといけないという思惑が働いていたように思われる。積極的に進めようが、消極的についていこうが、いずれにせよ東アジアの国家の枠組みが、二〇〇〇年前後から国家を超える（transnational）方向に大きく変容し始めていることはまちがいない。

民主党も、二〇〇五年四月には、東アジア共同体構築に向けた外交政策を明確にしている。民主党の政策文書では、二〇一五年頃には、「アジアでは東アジア共同体がその歩みを一段と踏み固め、世界の成長センターとなって」おり、「多くの国で民主化が進展し、政治的安定性も高まっている」という像を出している。日本経団連も、二〇〇三年一月に、「東アジア自由経済圏の実現」というビジョンを出している。経済同友会も、二〇〇四年十月に、「東アジア経済共同体（ＥＡＥＣ）の設立を前向きに検討し、行動することを提言する」と述べている。つまり、政府だけでなく、民主党も動いているし、財界も動いている。みんな、東アジア共同体の方向に、一斉に舵を取り始めたのが、ここ数年の動きなのである。

ところが、教育基本法の改正案の国家イメージというのは、そういう展開以前のものなのである。遡ると、一九八四―八七年の臨時教育審議会あたりから一貫しているようだが、一九九五年七月の第一五期中教審答申で出されている二十一世紀像は、国際競争に勝ち抜く一国主義的な枠組みの国家像であり、それが二〇〇〇年十二月の教育改革国民会議の報告を受けて、二〇〇三年三月の中教審答申に引き継がれている。二〇〇三年三月に一国主義的な枠組みの中教審答申が出て、その後二〇〇三年十二月に、東アジア共同体をつくるぞ、という話になっているから、現在の教育基本法改正案（政府案）が前提とする国家モデルというのは、ここ数年のトランスナショナルな動きの浮上をまったくふまえていない。だから、それは古びた国家像で、できあがった時にはもう時代遅れだった、というのが私の言いたいことである。

アジアは急速に変容している。だから、もし日本がこういう方向でやっていった場合、中国がどんどん東アジアの中での経済連携とか地域連帯を強めていくと、日本は弾き飛ばされてしまう可能性がある。気がつくと、アジア諸国の連帯の輪から疎外されて、金だけはしっかり持っている、という「東アジアの変わり者」（孤立主義）になりかねない。あるいは、一国主義的な枠組みを強固に持ったまま東アジア共同体構想の議論の場に入っていくと、札束でほっぺたをはたいて東アジア共同体の中のイニシアティブを日本がとっていくという、「東アジアの嫌われ者」（覇権主義）になるかもしれない。「変なヤツだ」と疎外されるか、「皆は従うけれども、嫌な奴だ」と思われるか、いずれにせよ、一国主義的な枠組みで考えていくと、どうも長期的にはろくなことがないのではないか、と私は思う。

4 対抗軸の可能性

未来社会の選択はわれわれ自身によってできる部分がある。教育基本法改正案が想定する未来社会が唯一のあり方ではない。当然、さまざまな対抗的な構想は可能である。ここでは、国家と市民社会と市場をつなぐ、図1の左半分のモデルを考えていく道があるのではないかという話をしたい。三つのことを述べたいと思う。

第一に、公共性をどう考えるか。政治学者の齋藤純一が、一九九〇年代に入る頃から公共性の考え方は二つのモデルが新しく台頭してきた、といっている（齋藤「現代日本における公共性の言説をめぐって」佐々木毅・金泰昌編『公共哲学3　日本における公と私』東京大学出版会、二〇〇二年）。一つは、「国民共同体論」である。それは、国家と共同体をイコールでつなぐようなもので、教育基本法改正案の方向であるといえる。もう一つは「〈市民社会〉の公共性論」である。十八世紀に起源を持つ「市民的公共性」が、一元的で等質的であって、いわば了解可能な個人が平等な形で集まるものであるのに対して、近年新たにせり上がってきた〈市民社会〉の公共性というのは、多元的で、異種混合的な市民社会という像である。たとえば、自分とはまったく考え方も感じ方も違う人とどうつきあうか、といった関心のもとで、対話や交渉や妥協を通して暫定的なルールがつくられていくとか、〈異質な他者〉の異質性を尊重しつつ、彼らの声に耳を傾けるだけの寛容さを有する社会といった、公共性モデルである。

教育基本法の改正問題でよく見かける構図は、国家による教育へのコントロールが個人の自由やプライバシーをおびやかしかねないという、〈公対私〉のような構図である。図1でいうと、「国家」と「個人」との間の関係の問題ということになる。当然、そういう側面はあるのだけれども、「個人」の部分を基盤に「国家」の介入に対抗しようとしても、それではなかなか説得力のあるよりマクロな秩序構想は見えてこない。改正推進派が大きな枠組み（国家・共同体・市場と個人）の中で改正の必要性を主張しているのに対して、〈公対私〉で議論を組み立てる改正反対派は、「個人」という抵抗拠点に立てこもるような形になってしまうからである。

むしろ、ある公共性と別の公共性の対立のような形で改正問題をめぐる対立の構図を見直してみることが必要なのではないだろうか。つまり、国家・市場・市民社会という大きな枠組みの中で、新しい可能性を市民社会の創造というところを中心に組み立てていくことが、国民共同体論への有力な対抗軸になりうるのではないかと思う。

それから、二番目に、その際、国家の二重性をどう考えるか、というレベルの問題に注意を払う必要がある。「国家による介入はけしからん」とひたすら言っていても、「では自己決定・自己責任でどうぞ」という話になってしまう。最初のあたりで述べたように、国家による個人の生活への介入には、個人の思想や良心に踏み込んだりするようなやり方の側面と、そうではなくて、市場の適切な規制や雇用・社会保障など、国家が個人の生活の条件整備をする側面と、実は国家の役割には、二重性がある。そういう意味では、たとえば、教育機会をできるだけ平等に保障させるとか、困難を抱えた子どもたちや家族を国家に手厚くサポートさせるとか、そのように、国家をきちんと「使う」といったことを考えないといけない。そのような適切な国家の介入を求めるような動きも同時に考えないといけないと思う。

それから、三番目に、リージョナリズムの可能性の話をする。EUが何十年もかかっていまのEUにたどりついたように、東アジア共同体も簡単にはできないだろう。ただ、教育という営みはずいぶん長期的な影響を持つ営みなので、三〇年・五〇年先をみて、そういう新しい秩序が形成されていく可能性の中で教育には何ができるか、といったことを考えねばならない。特に、基本法のレベルではそういう長期的なスパンで教育のあり方が考えられている必要がある。

私は、日本に住む人々が平和な生活や経済的な豊かさを維持していくためには、孤立主義や覇権主義は得策ではないと考えている。そうすると、教育に関する対抗構想も自ずと考えられるはずである。今、約一九七万人の外国人が登録している。これが三倍になるとすると約六〇〇万人ぐらいである。六〇〇万人ぐらいいると、結構な多文化社会になるはずである。さらに、もし五倍になるとすると、一〇〇〇万人になる。ちょっと、そうなった時の状況を想像してほしい。たくさんの人が移動し、混じり合って住み、働くことが、経済の活力の基盤となる社会である。外国から一〇〇〇万人の人が来て、日本から一〇〇〇万人の人が働きに出ている様子とかを考えてみたらどうだろうか。われわれはもっと想像力を働かせて、「多言語・多民族の国家ニッポン」という社会を考えてみる必要があるだろう。そういう社会を思い浮かべてみれば、これからどういう教育が必要なのかという新しいイメージがわいてくる。そういうことを考えないで、国境を閉ざした発想のまま、「私」のプライベートな部分を足場に今の動きに対抗しようとしても、それでは、一国主義的な枠組みで国際競争に勝ち抜く政治―経済―教育モデルに対抗しうるだけの、マクロな像はなかなか構築できないだろう。

一国主義的な枠組みで国際競争に勝ち抜く政治―経済―教育モデルとはまったく違う、別のマクロな社会構想―秩序構想が実は可能なのではないか。〈市民社会〉の公共性論を原理とした多層的な社会モデル――市場原理はもちろん働くし、国家が生活をサポートする部分もある――、といったイメージを考えれば、図1の左側の半円でグローバル化に対応していくという道があるのではないか、と思う。

教育基本法を今の政府案のように性急に改正し、国民共同体論にもとづく社会づくりを進めるのは、グローバル化の中での日本社会の今後の方向を狭く歪めてしまう道だと私には思われる。時代に即応しようとして、かえって未来の柔軟な進路選択の可能性を放棄してしまっているのである。むしろ、これからの不透明な状況を勘案すると、現行の教育基本法の方が、今の政府案よりも柔軟で有用であるというのが、私の見解である。つまり、社会のあり方をオープンにしておき、自立した市民が多元的な価値の中で主体的に決定していくという、民主的な決定に向けたオープンさを持っている。一九四七年につくられた教育基本法は、簡潔で理想主義的な理念であるぶん、変動する状況に応じた柔軟な使い回しができるはずだ、と私は考える。

5 最後に

もしかしたら、今の政府案で改正されてしまうかもしれないが、われわれの歴史はそれで終わりにな

	社会化問題	配分問題
個人化	制度につなぎとまらない個人 制度の正統性への懐疑	タテの多様性（格差問題） ヨコの多様性（制度の自由度）
グローバル化	文化の多様性 国民国家の相対化	マイノリティの機会や権利 国際間の経済競争／再分配

図４　現代における教育問題の構図

（広田照幸『教育』岩波書店，2004 年）

るわけではなく、教育もたちまち暗黒の時代がやってくるのでもないだろう。また、もし改正されなかったとしたら、現行法の枠組みのもとで、自然に新しい教育のあり方の展望が開けてくるわけでもなかろう。現実の社会は大きく変化している。教育の大枠を規定する基本法レベルでの法的枠組みが今のまま維持されたとしても、あるいは政府案の形に改正されたとしても、いずれにしても、現実の社会の中から生まれてくるさまざまな「教育問題」にわれわれは直面し続けることになる。社会の未来構想や教育の未来構想が複数ありうるとすると、基本法の改正レベルの問題とは別に、具体的な教育問題への対応をめぐるさまざまな考え方の対立が、今後の永続的な焦点になっていくはずである。

特に、現代社会の大きな構造変動は、これからの「教育問題」に新しい様相を与えている（図４）。個人化とグローバル化が進む中で、おそらくさまざまな新しい問題が出てくるにちがいない。そうした問題群に対して、国家、共同体、市場、市民社会、それから個人の、どれをどう重視するかによって、個々の教育問題への対応策は変わってくる。つまり、教育に関わる法的枠組みをどうするか、という問題とは別に、具体的な教育をどのような制度を構築してやっていくのか、個々の具体的な問題に対してどういう制度的対応をおこなうのか、といったところに、教育政治に関わる永続的なアリーナがある。図１のどの部分をどのように重視した社会ビジョンを立てて、そのための教育構想をどう思い描くかという点に関して、可能な解は一つではない。さまざまな未来構想が、具体的な制度や教育問題をめぐって綱引きを続けていくことになるのだと思う。

私は、民主党案は、支離滅裂の案だと思う。これは、まとまりがない。政府案と対照的である。政府案は、首尾一貫してはいるが、その一貫した方向が、未来の可能性を狭めて損な方向を向いている点が大きな問題である。それに対し、民主党案は、いろいろな思惑が相乗りしているために矛盾や問題点も多いけれども、面白い可能性を含んだ箇所もある。たとえば、幼児教育や高等教育の漸進的無償化を進めるとか、外国からの来住者の子どもの教育をきちんとやるべきだとか、いろいろ面白いものが入っている。

この民主党案がもつ大きな意義は、「今の教育の法的枠組みを変えていく」というのには、さまざまな方向がありうるのだ、ということを目の当たりにしてくれたことだ。教育基本法を改正するか否か、という、「一かゼロか」の選択ではなく、もし仮に改正するとしても、教育改革国民会議―中教審答申の線で変えるのではなく、もっとちがった方向に向けて変えていく案もいろいろできるのだ、ということを民主党案は示してくれているのである。

逆にいうと、法案をめぐって「議論は尽くした」どころか、本当に議論すべきポイントがちっとも議論・検討されないまま、政府案がここまできたのだということを、民主党案は教えてくれる。これからの教育の大きな枠組みをどう選ぶのかという問題は、現行法をあらためて選びなおす選択肢も含めて、多種多様なビジョンやデザインの可能性に目をこらしながら、じっくり時間をかけて議論をやり直すべきだろう。

教育学者の構想力も問われている。私は、新自由主義的なイデオロギーとか、新保守主義・ネーションの再活性化のイデオロギーといった、今の教育論議を主導しているイデオロギーが、今後もずっと勝ち続けるとは考えていない。いずれ、遅かれ早かれ流れが変わって見直しが必要とされる時期がやってくるはずである。その時に、替わりうる積極的なヴィジョンとか、それにもとづいた有効な対処法といったものを教育学者がつくっていく必要があるのではないかと思う。日本の教育の未来は、教育基本法が改正されるか否かだけで決まるのではない。愚かな選択が今なされるとしたら、いずれ軌道修正していく必要が必ず出てくるにちがいない。必要なことは、日本の教育の進路を、日本社会の進路の問題と関わらせて、ねばり強く思考していくことである。

（本稿は、平成一八年度日本学術振興会科学研究費補助金（基盤研究(B)）「グローバル化・ポスト産業化社会における教育社会学の理論的基盤の再構築に関する研究」による研究成果の一部である。）

教育基本法改正問題の論点——討論の記録

司会（三上昭彦）　四人の方の報告に対して匿名のものを含めて数人の方から質問用紙が寄せられている。まず、全体にかかわるものとして、「民主党案をどう評価しているのか」という質問があるので、報告で言及されなかった三人の方でご意見、ご感想があればお願いする。

西原博史　民主党案は法案としての一貫性、整合性に欠けるところがある。にもかかわらず、今後必然的に問題にならざるをえない問題を提起しているところがあり、そういう意味では論争喚起的な面をみておかないといけない。特に、教育行政（一八条）に関しては、教育委員会を廃止して、自治体の長にそのまま教育に関する行政の権限を委ねるという形になっている。これが教育行政の専門職性を弱めるものなのか、強めるものなのか、これすらよく分からない。例えば、教育内容は多数決で決めることなのか、多数決で決めてはいけないことなのか、もちろんその両方が含まれているわけだが、その両方をどう切り分けるのか、といった問題をストレートな形で出してきている、という点については、論争を喚起する意味では面白いところがある。ただこれは論争の問題ではなくて、きちんとした学校教育を、特に次世代に対して責任をもってどうおこなっていくのかという問題なので、これが安易な形での議論に流れてしまってはいけないし、法案としてどこまで評価できるかという点については、なかなか難しいところだと思う。

小島弘道　法案全体についてはまだ十分吟味していないが、いま指摘のあった教育行政の部分について一言。そのなかに「教育行政は、民主的な運営を旨として行われなければならない」という表現がある。気持ちは分かるが、これが学問的な概念として、どのくらい成立するものなのか。また、教育委員会制度を廃止して、首長の下に新しいシステムをつくりだしていくことと、公教育の目標なり、その専門性などとどのように調整していくのか、という疑問もある。それから、学校にもっと権限をというようなことでは、興味のあることではあるが、いずれにしろ、このような教育行政や学校運営のあり方なりが、基本法という性格と、全体的にどのように調整されて、ここに描かれているのか、ということに疑問をもっている。面白い問題提起はされている、と私は思っているが。

佐藤一子　例えば、民主党案の第二条に「学ぶ権利の保障」というような、政府案にはない、また現行の教育基本法にもないような言葉が盛り込まれたり、アイデアはいろいろと出されていると思う。しかし、教育基本法の性格として、先ほど、広田さんも言われたが、現行の教育基本法の精神に則って発展させて、いくらでも各個別の法の中で展開できることを、まるで教育論議を持ち込むかのように、こうした基本法の文章の中に持ち込んで、あれこれの考え方を書き込むという仕方で基本法を論じるということ自体に、私は疑問を感じる。できるだけシンプルな原則的なことが明確に示されれば、それで基本法の用は足るのであって、現行法でなぜいけないのか、という説明にはならないような気がする。

司会（三上）　政府案は現行法の「全部改正」案であるが、民主党案は現行法の廃止を前提とした新法であるとされている。先の通常国会では二つの法案が一括審議という形になり、審議未了で両方とも継続審議になっている。秋に召集される臨時国会でも一括審議ということになるかと思う。

会場の皆さんの中で、民主党案についての意見、あるいは民主党のパンフレット『教育のすすめ』を読まれた方の感想、それから、このような形で対案が出されたという国会の現状をどう考えるか、などについてご意見があればお願いしたい。

平野榮一（教育アナリスト）　国会論議の中で、志位和夫委員の愛国心を評価した通知表に関する質問に対して、小泉首相が、「この通知表は評価できない、評価は難しい」と答えた内容について。一国の総理に見解を求める筋なのかどうか、という疑問を私は抱いている。その回答に基づいて、市町村教育委員会が、各学校を指導して、通知表の中から、愛国心の部分を削除していくということが進行していった。一つは、評価権は教師に属するところであって、通知表の様式などは各学校が決めていく。それが一国の総理の発言でダダダダーッと変わっていく、というところについては、そういうことも して、正さなくてはいけないという状況があるかもしれないが、これは、教育の基本的な原理・原則、教育基本法の原則からいって、邪道であり、筋違いではないか、という感想をもっているが、どうだろうか。

司会（三上） 関係して、直接、愛国心ということではないが、子どもの精神的自由に関わって、田渕さんからご質問が出ている。

田渕久美子（活水女子大学） 日本国憲法で、子どもの精神的自由をどうとらえられるのか、についてうかがいたい。憲法の教育に対する考え方や、子どもも含めて人間をどうとらえるか、ということと、教育基本法の精神はつながっていると思う。学校教育の場合は、主として、教育の対象が子どもになるが、その子どもの内心の自由や、関心・意欲・態度が評価されることや、そのような子どもの精神的自由に関わって、それをおとながどうやって認めていけばいいのか。あるいはそのことを私たちが、いろいろな人にどう伝えたらいいのか、ということを教えていただきたい。

司会（三上） 西原さん、どうぞ。

西原 まず通知表問題について。国会審議に基づいて、バタバタっと変わっていくのはどうかということだが、これはやはり、国の関わり合いがある以上は、やはり問題になってくると思う。つまり、学校の評価権があるから、学校や校長は、いかようにも通信簿をつくってもよいということが言えるかどうか、ということだが。少なくとも、法律に基づく公教育制度としておこなわれている以上は、どのような通知表がつくられてもよいということには、必ずしもならないということが、まず、大原則であろうと思う。なぜかというと、もちろん原理的に評価権は学校にあるということを、とりあえず言ったとしても、通知表の中にいろいろ不適切な評価項目が想定されることがありうる。

例えば、差別を助長するような評価項目を設定すること自体、あるいは、子どもの内心にわたって評価を加えて、もって、思想・良心の自由に対する直接の侵害を発生させるような評価項目を設定することなど、子どもの権利侵害にわたるような評価項目を設定し、それに基づいて評価をおこなうということについて、やはりできない場面がありうると思う。そのできる場面と、できない場面をどう見分けるかというのは、これは、教育として何が正しいか、の問題ではなくて、むしろ法的に人権侵害としてあってはならない部分を、どう識別するかという問題だと思うし、その人権侵害が学校教育の枠内において発生しないように一定程度の監督を働かせるという点については、教育行政は、まったく無責任ではありえない、と私は考えている。

そういう枠組みからすると、学校評価権のみをもって、通知表の問題を解決するというのは、おそらく無理なことで、もう片方で、仮に、教育内容に一定程度の関係があるとしても、それに対して外枠としてやってはいけない、学校がふみこんではいけない領域というのは、当然、認めざるをえないだろうということになる。おそらく、この部分について、教育法学の中で十分な議論がこれまでなされてきたか、というとあまりなされていないかもしれない。つまり、生徒の人権に基づいて、どこまで学校が動けるのか、動けないのか、という議論については、なかなか具体的な理論的成果がみえていないが、その部分については、何もないはずはない、何もないということはありえない、とお答えしておきたい。

つぎに田渕さんの質問に関わって、子どもの人権、特に、子どもの精神的自由がどう憲法上位置づいているのか、ということについては、おそらく未解決の問題だと思う。例えば、子どもの人権は、基本的人権としては存在しない、という見解も一方で唱えられているし、子どもであっても人権保障は貫徹する、というふうに唱える見解も、憲法学の中にはある、ということである。私は、精神的自由を含めて、子どもにも人権主体性を認めていくという立場だが、これが憲法学の中でも一般的かというと、正直、よく分からないところがある。少なくとも、子どもであり、発達途上であることによって、自由という観点よりも、きちんと学ぶべきものを学ぶということの方が、優先されるべきだという見解が同時に示されていて、その部分が、どこまで子どもの側の主体性を主体性として認めていくのか、という議論に関わってくる部分だと思っている。

だから、こういうふうに考えればいい、ということは言えない。ただ、発達途上だからといって、何も認めなくていい、権利保障は何もなしでいいのかというと、私には、それは想定できない。つまり、思想・良心の自由というものを考えても、「おとなになってはじめて、思想・良心の自由がある。ただ教育のプロセスの中では、先生のいうことをキチンと聞くのが当たり前」ということだと、例えば、東西冷戦構造の中で、〝東側諸国〟であったように、革命的な階級意識というものを身につけた段階で、はじめて基本的人権の担い手になれるというような発想と重なってきてしまうわけで、我々は、それを人権保障とは呼んでこなかった。したがって、思想・良心が形成されていく過程の中でも、やはり、子どもあるいは教育の受け手の側の主体的な判断というのは尊重されるはずであろう。その点において、基本的人権としての子どもの権利は、ゼロではないはずだ、というのが、私の基本的な考え方ということになると思う。

そうだとした場合、いわゆる内心の自由の問題、特に、学力観の転換にともなって、意欲・関心・態度それ自身を評価の対象にしていくこと、つまり、学校教育によって身についた能力が評価の対象なのではなくて、それを身につけようとする意欲・関心・態度それ自身が評価の対象だということについては、実は、その時点で、キチンと議論しなかったことの若干の反省を、いま私自身も強く感じている。福岡で特に愛国心評価が問題になった段階で、それに気がつかなかったことによる悔いというものが、例えば、教職員組合の中にも生まれている。特に、内心というのは、先生たちに対する順応度という点に、かなり重きのおかれた評価になっている現実がみえてきてしまって、実は、学力観の転換とともに、子どもたちの主体性の尊重という意味では、後退したのではないか、という議論を、もう一度しなくてはいけないのではないか、ということが、最近新たに意識されているということなのだと思う。

司会（三上）　子どもの権利条約が国会で批准されたのは、一〇年余り前の一九九四年だが、その直後に出された文部次官通知では、「本条約は、基本的人権の尊重を基本理念に掲げる日本国憲法、教育基本法や国際人権規約等と軌を一にするもの」という旨の説明がされていたように思う。もっとも文部省等がそうした立場にたって教育施策を進めてきたとは思えないが。それはともかく、戦後の憲法学では、精神的な自由も含めて憲法に規定されている諸々の自由や権利は子どもにも、少なくとも原理的には保障されているというのは、必ずしも多数説とは言えないということになるのだろうか。とするなら、憲法学は、当時の文部省の通達よりも遅れているということになるが。西原さんが指摘されたように、やはり、憲法学は基本的人権が子どもにも認められているということを、積極的に主張してこなかったと思われるが。いまの問題に関して、フロアーの方でご意見があればどうぞ。

堀尾輝久（東京大学名誉教授） 私は、そもそも憲法のいう国民に、子どもも入るのかどうか、憲法学では必ずしもそこが明確ではない、そこが問題ではないか、という問題提起をしてきた。当然、憲法の読み方として、人間が人間である限り、人間の中には当然子どもも含まれるから、子どもも国民に含まれているはずである。であるならば、憲法の基本的人権の条項を、子どもの視点からどのように読み直したらいいか、という提起も私はしてきたのだが。子どもの権利の視点というものをどう考えるか、つまり、人権と子どもの権利と子どもの人権という、この三つのコンセプトを区別しながら、どのように相互的な関係を深めていくか、ということが課題だと思っている。

子どもの権利というものを、人権を前提にしながら、子どもが子どもである、ということの権利を認める、という、そのことを軸に子どもの権利の視点というのは、子ども期の発見と重なって、子どもの権利が認められてきている、という経緯がある。国際的にも世界人権宣言に重ねて、子どもの権利宣言が出され、そして、国際人権規約に加えて子どもの権利条約がでてくる。それと子どもの人権という言い方との関係だが、私は、子どもも国民の一人だから人権は子どもにも適用される、という発想ではいけない、という議論をずっとしてきた。それではあまりに単純すぎる。問題をスキップして、大事な問題を逃してしまう。そうではなくて、子どもも人間である。当然、人権も認められるという問題と、それに重ねて、子どもは子どもであることの権利というものを軸にして、人権をとらえ直す視点が重要だと思う。子どもの権利の中には、子どもの人間的成長・発達の権利があり、学ぶ権利があり、それにふさわしい教育を求める権利がある。それらが子どもの権利の中軸になる。別に、子どもの権利は、子どもの権利条約が出てきたから考えるということとまったく違った研究の歴史もある。それが、通説になっているかどうかは、別の問題ではあるが。

そういう意味でいうと、西原さんの答えの中で、子どもには基本的人権がゼロではない、という言い方がされたが、そういう言い方は、私にはまったくできない。つまり、基本的人権というのは前提としてあるということと、それを深める視点として子どもは子どもであるということがある。そして、子どもが子どもである権利というものを、一方で認めた上で、他方で人間をどうとらえるか、人間というのは抽象的・一般的に人間は人間である、ということではなくて、人間は赤ん坊であり、青年であり、老人であるわけで、人権というものを、子ども時代、青年期あるいは老人のそのライフステージに即してとらえ直そう、という問題提起を、実は子どもの発見と子どもの権利の視点は出したわけである。

つまり、全体の基礎になるものとして、子ども期の権利があるわけで、そういう意味でいうと、子ども期の権利は、実は、人権のファンダメンタルなものなのだ、ととらえることができる。そういう発想を媒介させて、初めて、中身のあるものとして言えるのであるという見方を指摘しているわけで、少なくとも教育学界では、一定の意味をもってきているのではないか、と考えている。

司会（三上）　政府の教育基本法案の第六条「学校教育」では、「教育を受ける者が、学校生活を営む上で、必要な規律を重んずるとともに、自ら進んで学習に取り組む意欲を高めることを重視して行われなければならない」（二項）とある。この規定は誰に向けて言っているのか、よく分からないところがある。子どもに向けて言っているようにもみえるし、あるいは、教師・学校に向けてのようにも読める。いずれにしろ、この規定からは、憲法二六条の教育を受ける権利を積極的にとらえて、子どもの権利条約一二条の意見表明権や子どもの学習権を中軸とした子どもの権利・子どもの人権についての視点がまったくない、という感じを受ける。また、第二条の「教育の目標」で、国民に「必要な資質」の中身をこれだけ詳細に規定して、その達成に向けて学校教育をはじめとする全教育を国家・行政主導で進めるようとする構造になっている。それゆえ、憲法および国際人権条約の認めている基本的人権と子どもの権利の視点から、政府の教育基本法案をきびしく読み解くことがきわめて重要になっていると思う。つぎの質問に移りたい。豊田さん、どうぞ。

豊田真之（立教大学学生）　すでに指導要領のなかに伝統文化を愛す、尊ぶ、という文言が記載されており、東京都教育委員会の場合には、実際に平成十七年度から、国際社会に生きる日本人としての自覚と誇りを養うとともに、多様な文化を尊重できる態度や資質を育む、日本の伝統文化理解教育推進事業が実施されている。教育基本法を改正し、「伝統文化を尊重し」という文言が入る前からすでに、現場では広まっていて、実践されている。こうした教育の仕方が、実践されているのだが、教育基本法が改正される前から、すでにおこなわれているということは、先ほど、西原さんが言われたような問題がすでに顕在化してしまっているということがあると思う。学習指導要領が独走し、教育基本法がそれに追従しているのはなぜか。すでに改正される前からおこなわれているならば、改正する意味は果たしてあるのか。また、すでに問題が顕在化しているが、もっと以前に問題点としてつっこむべきだったのではないか、と疑問に思う。そのような点について、専門家の方々はどのように考えているのかうかがいたい。

司会（三上） 指導要領の問題にふれているので、小島さんからお願いしたい。

小島 たしかに、入学式や卒業式においては、国旗の掲揚や国歌の斉唱を指導するものとする、ということからはじまって、愛国心とか伝統文化について指導し、それを尊重する態度を養うというようなことが、言われてきている。それらは学習指導要領に明記され、それに基づいて行政指導をとおしてなされていることでもある。だから、法律に基づいてということではないが、やはり教育の問題として、国の教育行政としてすすめられてきたことである。そのことを、法的強制力としてどうなるのかということとともに、やはり、教育問題としてどうなのか、と考えなければいけない、そういう二つの面をもっていると私は思っている。しかし、現実には、学校現場なり地方教育委員会が、それを先取りしたりしながら、それを大々的に学校の教育指導の中で展開し、評価にまですすめていくという事態に発展していっているというのが実態であるように思う。

私は、その場合でも運用において、いろいろなやり方があったのではないかと思う。もちろん、そういうものはいいか、悪いか、いろいろな評価や判断の問題はあるかもしれないが、学校現場なり、地方なりで、いろいろな運用の仕方があった、価値を取り上げるやり方はいろいろあったのではないか。それがなぜ、学校や地方ではできなかったのか。その問題は、非常に重要だと私は思っている。だから、「学校づくりの力」ということを報告の一つの結論として申し上げた。それは、教育の力にまつべきところは大きいけれども、やはり現場の力というか、現場がそれをどう受け止め、対応し、自らの判断で教育の設計なりをしていく力が学校の中にないと、そういうことを考えたり、対応したりすることはできない。日本のこれまでのいろいろな政策なり学校現場のいろいろな問題の中で、学校というものは非常に弱くなってきてしまっている、というようなことを感じている。しかし、現実には事態はすすんできており、行政はそのように展開している。

それでは、いま、なぜ教育基本法改正か、ということを考えると、先ほどの精神的自由の問題とか、福岡の評価をめぐる問題の話の中で、私が感じたのは、国語とか教科の中で、意欲・態度の評価をA・B・Cでするとかいうようなものが、前の学習指導要領の改訂で逆転した。知識とか理解とかいうものではなくて逆転した。その場合の意欲・態度というようなものと、愛国心の教育だとか、または伝統を愛し云々というような時の意欲・態度というのはまったく違うだろうと。だから、教科における意欲・態度を激励し、動機づけて、学びに導いていくのは教師の役割であり、そういう力をもっていないのは、やはり教師として問題だろうという言い方も可能だろうと私は思う。

ところが、愛国心とか伝統とか文化を愛するとか、そういうものの意欲・態度というのは、これは、根本的に違うのではないか。つまり、それは、一定の考え方、伝統とか文化とか、特定の愛国心と言ってもいいが、そうならざるをえないわけである。それを、愛する構えとか深さとかいうようなものを評価することが、どんな意味をもつか。私たちは、そういうことをやってきた結果の経験をいろいろもっている。やはり、そういうことは、絶対にしてはいけない、というふうに私は認識している。だから、今度の基本法の問題というのは、愛国心とか伝統を愛するというようなものの意欲・態度、そういうものを評価としてやっていこうとする道を、基本法の中で定めていく、規定していくものであるということで、私は怖さを感じる。

基本法で決められると、いくら小泉首相が、内心や内面に関わったことの評価なんて馬鹿げている、と言っても、一人歩きしていく。これは、小学校・中学校・高校の先生、大学の教師、学校種に関わりなく、みんな似たようなことをやる、と私は自分の経験から思う。他の国の国民性は分からないが、私ども日本人というのはどうもそうなってしまう。だから、国家は道徳の教師であってはいけない、と言われてきた。その原則をキチッと出していくことによって、教育基本法が歴史的に果たしてきた役割を継承しながら、しかし、古くなったところは、運用上、積極的に直していくべきだ、それが「学校づくりの力」にまつべきではないか、と思っている。これまでいろいろなされてきた行政上の措置と、教育基本法でそれを定めていくことは、とんでもなく大きな落差があるのではないか。これが、学校現場に与える影響というのが私にはよく分かる。

私は、そういうことを評価する校長は論外だと思う。校長に求められる一番大切な力量は、教育的見識だと思う。教育的専門性よりは、教育的見識である。その教育的見識が、日本のスクールリーダーに十分に育成されてこなかった。その結果、あちこちでおきている学校の実態をつくりだしているのではないか。だからこそ、スクールリーダーは、大学院教育でしっかり育成するというシステムを日本の中に構築していく必要があるのではないか、と思っている。

坂入明（**東京家政大学**） いまの発言を聞いていても、自分には伝わってこない。例えば、小島さんのレジメの「教育基本法の役割」というところで、「教育基本法改正案における愛国心教育の導入は、日本の公教育目標・構造を大きく揺さぶるものである」とあるが、私は、これは「歪めるものである」、というふうに思う。もう少し、教科書検定だとか、学習指導要領など、ああいうものは、教育基本法違反なのだ、というくらい言っていいのではないか、と思う。他の三人の報告者のトーンと小島さんの言っていること、書いていることが、私には理解できないというか、分かりづらいと思った。

小島　「揺さぶり」という表現についてのご質問ですが、「揺さぶられる」内容の解釈は、いろいろな言い方で可能なので、それは坂入さんのおっしゃることと内容的には変わっていない。つまり、大きく「変えるもの」を、「改悪するもの」などと言い換えられると思う。とにかく、この段階では、同じことを考えているのではないか、と思っている。それから、教育内容への国家の関与の問題については、私は、国の一定の関与はあってもいい、という認識をしている。ただ、これも程度の問題で、昭和五十一年の最高裁学テ裁判の時に、おおよそ、あのような常識的な認識にたって、例えば、人権などに関わるようなことを国や行政は立ち入ってはいけない、というのは、もうおそらく通用しないだろう。だから、合理的な理由があり、一定の教育的な、そこに子どもの発達をうながすようなことがあれば、行政であれ、親であれ、誰であれ、文句を言ってもいい、と私は認識している。そうでなければ、参加だとかは論じられない、と思っている。だから、他の三人の先生と私が違うと言われたことについては、うれしくもあるが、そんなには違わないだろうとも思っている。違うところについて考えてみると、例えば、学習指導要領について、国や住民が、いろいろと文句を言うことがあるというようなことを、私は比較的積極的に言っているというようなことくらいかもしれない。

坂入　レジュメに「出そろった」とあるが、それは言い過ぎだと思う。教育基本法の一連の問題は「未完のプロジェクトだ」、ということを堀尾さんからうかがったことがあるが、これは考え方の違いか。

小島　いや、論点、争点が出そろった、ということである。

浪本勝年（立正大学）　私は、憲法・教育基本法、特に教基法一〇条の趣旨との関連でみるならば、学習指導要領には法的拘束力はないという立場の考えをもっている。先ほどの質問は、学習指導要領にすでに書かれていることが、今度の改正案によって教育基本法に書かれるのだが、そんなに違いはないのではないか、あるいは現実は同じではないのか、というようにも受けとれる内容だった。釈迦に説法の面もあるが、考えてもらいたいことは、学習指導要領が法的にはどういうものか、ということである。

以前、荒川区の小学校の研修会に行った時に、先生から、「学習指導要領は法律ですか?」と質問された。学習指導要領は法律ではなく文部省告示である。法段階論でいうと、まず、憲法があり、教育基本法があり、教育基本法に並ぶいろいろな法律がある。そのもとに内閣がつくる施行令、それから文科省がつくる省令としての施行規則がある。学習指導要領は、その施行規則に基づいて告示として出されているものである。だから、言い方によっては、学習指導要領は告示にしかすぎないものである。そこに、いま、伝統とか愛国心のような言葉、あるいは国旗の掲揚・国歌の斉唱問題が書かれていて、現在、これだけ問題になっている。私たちがここで語り合っているのは教育基本法の改正問題であり、教育法令の一番上にある教育基本法に書かれたらどうなるのかという話をしている。それが、一番下の法令と言えるかもあやしい告示にしかすぎない学習指導要領に書かれている問題が基本法に書かれようとしている。あえて言えば、一番下から一番上に飛び出てくるということである。その違いをしっかり認識して、考えていかなければならない。是非そこをしっかりと考えていきたいと思う。

藤田昌士（元立教大学）　私は、第三回シンポジウムで、伝統と愛国心をめぐる報告をした（『報告集3』を参照）。一つ、あまり議論されていない問題で、愛国心評価の問題は、私が矛盾だと思うのは、道徳教育を研究している者として、学習指導要領の第三章「道徳」をみると、小学校にせよ中学校にせよ、「道徳の時間に関して数値などによる評価は行わないものとする」、とはっきり書いてある。道徳性という問題を考えると、数値などによる評価をすべきではないと書いてあるわけである。「数値など」と言うのだから、1・2・3に限らず、A・B・Cも入るわけである。ところが、学習指導要領に、「国を愛する心をもつ」などという事項が記載されて、それを受けて、指導要録が、社会科のところでは、関心・意欲・態度に、A・B・Cの評価をするわけである。これは矛盾だと思う。国を愛する心にしても、郷土云々にしても、学習指導要領の「道徳」にも挙げられているし、「社会科」の中にもある。「道徳」のところでは、数値などによる評価はおかしいと言い、社会科になると、関心・意欲・態度の名の下に、A・B・C評価の対象になる。そうすると、校長の問題もさることながら、文科省の教育評価に関わる方針自体に、矛盾があるということを、我々は明らかにしながら、そういう評価論をどう考えるか、ということを研究課題として引き取る必要がある。そのことはあまり議論されていないが、この機会に述べておきたい。

司会（三上）　教育基本法は六〇年間の間に、その法文は一字一句改正されていないが、憲法の場合と同様に、いわゆる解釈改正や下位の法律、行政立法・行政指導などによって、当初の本来の趣旨から乖離した形で運用されて今日に至っている。特に今日のシンポジウムでも焦点になっている第一〇条の解釈や学習指導要領の改訂・告示化（法的拘束力の付与）はその典型事例であろう。一口で言えば、基本法そのものには手をつけず、行政解釈や下位の教育諸法令の改正によって、上位法である教育基本法を逆規定するという手法が取られてきたといえよう。

こうした従来の手法に対して、今回は、教育基本法の法文それ自体を改正する（いわゆる明文改正）という点で次元が異なるといえる。政府の改正案には、一方で、現行法の精神・原則を明記した文言を削除し、これまで行政解釈や行政立法・行政措置などにより既成事実化されてきたものをはっきりとした条文で書き込むという面（教育の目標・教育行政など）と、あらたな条項を加えるという面（家庭教育・教育振興基本計画など）がある。法案がこのまま可決されるならば、改正教育基本法に基づいて、学校教育法などの下位の諸法律および行政立法の改定、教育振興基本計画の策定、さらに学習指導要領改訂や教科書検定がそれに基づいておこなわれていく、という構造ですすめられるのだろう。

広田さんに質問が出ているので、どうぞ。

北川邦一（大手前大学） 広田さんのレジメに、「もし改正されたとしても、社会モデルをめぐる争点は様々な問題への対処をめぐって様々に出てくる」とある。その様々な出方というものを、「対抗軸の可能性」として書いておられる。おおむね賛同できるかと思うが、もし改正されたとすると、その可能性は、ぐっと弱まるというか、どの程度、狭まっていくのか。関連して、「改正案の愚かさ—時代遅れの改正案」というが、時代遅れというけれど、憲法・教育基本法がアメリカ占領下で制定され、自民党は自主憲法制定国民会議議員連盟というものをかねてからつくって、憲法改正をもくろんできた。そして、いま、政情では、教育基本法改正は、戦争できる国家への露払いだと言われていて、日米安保条約が、もう、安保の枠をこえて、日米軍事同盟がグローバル化しているという危機感と、「もし改正されたとしても、いろいろあるだろう」というところを説明してもらいたい。

広田 戦後という時代が、非常に特殊な時代であったと思う。つまり、それまでは、植民地があって、世界が分割されていた。それが、国民国家という形で、アフリカなども一九六〇年頃独立したが、国民国家が世界中を分割する時代がずっと続いてきた。それが、国民国家ではない一国主義的な枠組みではない多重多層の政体みたいなものが、だんだんと議論になってきて、可能性が出てきているというような、世界史的な新しい事態が生じてきているように思う。つまり、それは、日米安保を基にして、一国主義的な枠組みで、それで戦争づくり国家というと、我々が、いわば一国主義的な枠組みをひきずって反対運動をするようなところから、いつまでたっても抜けられない。むしろ、新しい流れをキチンと読みとって、抵抗するなら抵抗する、対抗軸を立てるなら対抗軸を立てるべきだ、というのが私の言いたいことで、改正されたとしても社会的なレベルの動きは必ず続く。人は動くし、情報は流れる。そうすると、法的な枠組みが問題を起こすのではなく、ここであげたような問題は、社会的につねに問題になり続ける。

　例えば、マイノリティーの子どもたちの教育をどうするか、という問題である。その時に、制度的な枠組みがもし改正されたとしたら、ある国民共同体論的な人たちに、非常に有利なというか、そういう議論に基づいた対処というのが非常に大きな力をもって、それとは違う対処を求める運動というのが、結構しんどくなる気がするけれども、問題そのものは起き続けるだろうと思う。その時に、いまの流れでずっとすすむわけではなくて、流れが変わって、少し、国民国家をひらいた形の社会づくりをしないといけないとかといった時に、我々教育者の手には何のアイデアもないというような話になるといけないだろう、と。むしろ、そういうものをにらんだ上で、いろいろオルタナティブを考えていくべきではないか、と思う。それで話をしたわけで、脳天気にいまの状態が、どうなっても反対をし続けられるか、ということを言いたいわけではない。

司会（三上）　今後の可能性としては、いま出されている政府案が、仮に通ったとしたら、非常に大きな影響力をもつ、そこにねらいがある。新一六条を使って、例えば、家永裁判のような、国の不当な支配を批判していく、あるいは裁判闘争していくということは、おそらく従来よりは非常にやりにくい法的なしくみになっていく。今日の国家情勢だけをみていれば、そういう事態がくる可能性の方が大きいということもいえる。それとも関わるわけだが、質問の中に、「改正案に対する学問的結論は出ている。議論の季節は終わった。行動の時である。今後の行動について示唆があればいただきたい。国会に対して慎重な審議を求めるだけでよいのか」というものがあった。先ほど言ったような厳しい状況の中で、私たちはどういうことを、いま、それぞれの立場でやっていく必要があるか、ということも含めて、ご意見・ご感想をお願いします。

平野　文科省作成のリーフレット『教育基本法案について（説明資料）』（『資料集4』収録）に、「基本法が改正されると、教育は今後どう変わっていくのか」とあり、その末尾には、「教育改革のための重点行動計画」（平成十八年一月十七日）における取組み事例が載っている。ここに書いてある事例はすでに現実に進行している。特に、その大きな基本になっているのは、教育目標と基盤の整備は国がおこない、その結果の検証も国がおこなう。そのプロセスは地方自治体に任せる、という、そういう大筋が現在すすめられようとしている。特に結果の検証について、子どもたちに対する学力テストをおこなうと、これは現行では教育基本法第一〇条に違反するということを問われるわけだが、それを小学校の部の実務をベネッセが担当するといわれている。基本的に子どもたちのすべてのデータは、民間企業が握ってしまう、ということが進行している。学校評価については、三菱総研がその基準をつくっていく。そして、三菱総研だけでは、教育についてのノウ・ハウがないので、地域開発センターなどの海外で学校づくりをやっていた経験を活かして、学校評価をおこなう。まさに新自由主義的な動きが現実に進行している。やはり、この問題を重視した取組みが必要であろうと、私は思う。そういう問題とあわせて、教育基本法改定問題を検討していく必要があるのではないかと思う。

この件に関して、教育基本法改定案に向けて七〇回に及ぶ与党協議会・検討会が開かれてきたというが、その中身については、国民にまったく明らかにされていない。私は、文科省に対して開示請求したが、回答は全面不開示だった。その理由を一言で言うと、中身を明らかにしたら、国民に混乱を生じさせる、と。情報を開示したなら国民に混乱を生じさせるような教育基本法の改定を、許してはならないと思う。

司会（三上） 最後に、今後の課題について、シンポジストの方から一言お願いしたい。

西原 今後の運動として、どうしていけばいいのか、ということにからんで、教育基本法改正の問題がどう決着がつこうと、これですべてが終わるわけではない、という指摘については、広田さんのおっしゃる通りだと思う。ただ、いったん、我々がかなり奈落の底まで潜らなければ、立ち直れないだろう、ということも、おそらくもう一つある。特に教育というのは、現場の先生たちに多くを負っている。いままさに進行しようとしているのは、その現場の先生たちの中で、踏み絵をふませて、国策としての教育に「従う先生」と「従わない先生」にふるいわけ、後者を追い出していって、国策としての教育を遂行できる人的な体制を確立してしまおう、というのが、おそらくここ数年間の政策課題として挙がってきている。その中で、教育基本法改正の中での第六条の組織的・体系的という言葉について、おそらくその踏み絵をますます強めようという方向性をもっているということが、一つの流れとしては確認できるだろうし、そうすると、それに対してやはりキチンと発言していく、そしてその状況を、状況として共有していくということが、何より大切だと思う。

例えば、いま保護者たちは、通学路の安全にとても関心をもっているが、学校の校内の中は安全だと思っている。ただ、現行の教育基本法なき後は、学校の校門の中というのは、おそらくまったく親の手の届かない、マインド・コントロールの場所になるということが想定される。そのことについて、国民の間に理解が共有されているだろうか。なおかつ、議論の季節は終わったとは言われても、国民としてやはり知っておいて、自分たちはどういう教育を求めているのかについて、主体的に、国民の側からもう一度組み立てるということが、いま、何よりも問われているような気がするし、その意味では、行動というのは、まず、情報共有に向けて、お互い情報発信し合うということが、何より大切なのではないか、と私は考えている。

司会（三上） 三年ほど前に日本ＰＴＡ全国協議会が、保護者に対して教育基本法についてのアンケートをとったところ、八五％の保護者が、その内容についてよく知らないという結果がでたといわれる。その後多少、状況は変化しているかもしれないが、なお教育基本法改正問題の論点が多くの国民に周知されているとは思えない。そういう意味で、論点も含めて、まだまだつめなくてはいけない、深めなくてはいけないところが非常にたくさんあるように思う。

今回、私にとって新鮮だったのは、佐藤一子さんの社会教育の視点からのご報告だった。佐藤さん、最後に一言どうぞ。

佐藤（一） 私は、社会教育の現場で、学習活動をかなりやってきたが、教育基本法を普通のお母さんたちが大事だと実感する上で、こうした学会の場の議論というのは、本当にギャップがある。そのギャップをどうやって埋めていったらいいのか、というのは、まさに社会教育そのものの実践として問われていると思う。ある意味では、学校づくりの中でも、そのギャップというのは非常に大きいと思う。「議論は終わった。行動だ」という問題提起があったが、私は、いまの国民意識の中に、〝思考停止の状況〟、つまり非常にいらついていて、思考を停止して、衝動的にいろいろな行為が社会の中で起きているわけだが、やはり、理性を取り戻し、おかしいことはおかしいと、素朴に疑問をもった時に、それを議論できるような社会の空気、あるいは学校の中の空気、あるいは、家庭の中の人間関係、そういうものがなければ、広田さんの言うような様々なオルタナティブというのは、生まれようがないのではないか、と思う。いま司会者から紹介されたように、PTAの人たちの八〇％以上が、教育基本法の内容をよく知らない。「うちの子どもは何かとても親の手には負えないから、公共心と言ってくれるといいんじゃないか」というその程度の共感で、実に、教育基本法が変えられようとしている。戦後六〇年の教育界の様々な模索や教育界を越えた日本の知性、あるいは民衆の願い、そういうものが込められた教育基本法というのを、生活の中で、自分たちが生きていく拠り所として、いま、日本人として教育基本法の価値をどういうふうに実感していったらいいか、それはまさに、この秋の議論の中で深められるべきことではないだろうか、と思う。今朝の朝日新聞（二〇〇六年八月二十六日付）に、右翼の攻撃を受けた自民党の加藤紘一さんの「そもそも自民党というのは、左と右のバランス、いろいろな考え方が派閥の中であったのに、聞く我慢ができなくなってきている」というようなニュアンスの言葉があったが、その空気は社会全体にあるのではないか、と思っている。やはり、議論を尽くすような、まさに、国際的に見て恥ずかしくない国会であってほしいと思うので、私自身、社会教育の限られた領域ではあるが、議論の投げかけをいろいろな場でしていきたいと思っている。

司会（三上）　まったく同感。司会者のまとめは、いまの佐藤一子さんの発言をもってかえさせていただく。長時間にわたり、報告者の方々、ご参加の皆さん、ありがとうございました。

（文責　三上　昭彦）

閉会挨拶

佐藤　学（日本教育学会・東京大学）

まずはじめに、会場に集まっていただきました方々に感謝を申し上げたいと思います。

日本教育学会をはじめとする教育学関連15学会で、教育基本法改正にともなう様々な問題について、このようなシンポジウムを今回で四回目になりますが、積み重ねてきました。

学会の立場というのは、やはり重要で、直接的に政治的発言をおこなう、ということではなくて、むしろ、起こっている事態を、学問的に、徹底的に、吟味していく。そういう意味では、様々な意思決定のための基盤を提供していくということは、学会の社会的使命であろう、と思われます。

幸いなことに、教育学関連15学会が協力して、このようなシンポジウムを、四年間、継続できたことを、何よりも喜びたいと考える次第です。

とはいえ、我々が期待するものとは反対に、事態は非常に悪い方向にすすんでいて、今日を迎えているわけですが、端的に、私の個人的な見解を申し上げたいと思います。

現在、現行の教育基本法があり、政府与党が七〇回もの議論を積み重ねたと言われる政府与党案が出て、民主党案と、と三つが並んでおります。三つを読み比べてみて、明らかに、法律的な完成度は、現行の教育基本法の方が、はるかに高い、と私は思っています。さらに、内容的な首尾一貫性、あるいは、教育的な洞察の深さ、あるいは、その社会状況に対する法律のもっている意味合い、教育のもっている役割、などなど、どの地点から取り上げてみても、やはり教育基本法というものの、決して古くなく、新しいものである、ということは、私だけがもっている感想ではない、と思います。

いったい、なぜ教育基本法を変える必要があるのか。その根本的な問いが、何ら解決されていない訳です。愛国心の問題ひとつをとってみても、セプテンバー・イレブン（9・11）の後に、ノーマン・メイラーが、アメリカのナショナリズムを批判する文章を書いているくだりがあって、彼は、アメリカのナショナリズムを、フラッグ・ナショナリズム、と言っています。つまり、みんな、旗ばかり追いかけている、というのです。そのフラッグ・ナショナリズムが、いかに底が浅いか、ということを、彼は老練の作家ですから、きわめて厳しく見つめています。

似たようなことが日本にもあるのではないでしょうか。愛国心と言いながら、靖国神社にばかり固執するような、薄っぺらい愛国心が語られ、伝統が語られる、という事態が進行しています。現実に世論をみると、自民党が最近強調していますが、愛国心を教育基本法に書き込むことは、世論では多数派である、あるいは改正自体は多数派を獲得している、ということを堂々と言っています。

学校現場をまわっていると、もうすでに改正されている教育基本法のような実態が全国的にすすんでいる状況があり、教師たちは、窒息状況に追い込まれ、親たちは希望が見出せず、子どもたちは途方に暮れている、という事態がもう一方の現実としてあるわけです。

いくつかのレベルの問題を考えてみて、やはり、改めていま、教育基本法を、これからのどういう社会において位置づけていくのか、将来の教育のデザインの中にどう組み込んでいくのか、ということが問われているのだと、今日のシンポジウムを聞いていて理解した次第です。

今後、議論を積み重ねることと同時に、やはり、何らかの行動が必要だと思います。配布しました資料の中に、日本教育学会歴代会長が発起人となり、歴代事務局長が賛同人となった「教育基本法改正継続審議に向けての見解と要望」(資料編参照)があります。このような声明・意見など、学会活動とは別の、個人としての活動を、今後、有形無形に、ネットワークを用いながら、現実の力にしていきたいと存じます。

会場の皆さん、今日は、どうもありがとうございました。また、登壇していただきました四人の先生方、非常に刺激的かつ重厚なすばらしいご報告をありがとうございました。これで閉会の挨拶といたします。

教育基本法改正案等に関する資料

1　教育基本法改正案と国会論議

教育基本法（一九四七年三月三一日）

教育基本法改正案〈政府提出〉（二〇〇六年四月二八日）

日本国教育基本法案〈民主党提出〉（二〇〇六年五月二三日）

現行法・政府案・民主党案の対照表

衆議院本会議・教育基本法に関する特別委員会の会議一覧と特別委員会委員名簿

与党教育基本法改正に関する協議会最終報告（二〇〇六年四月一三日）

2　新聞社説一覧

3　教育学関連学会の声明

日本教育法学会会長（二〇〇六年五月二七日）

日本教育学会（発起人）歴代会長／（賛同人）歴代事務局長（二〇〇六年八月二六日）

日本生活指導学会理事会（二〇〇六年九月一日）

日本社会教育学会会長／（賛同人）歴代六期会長（二〇〇六年九月九日）

4　諸団体の声明一覧

5　参考資料

教育改革国民会議報告「教育を変える一七の提案」（抜粋）（二〇〇〇年一二月二二日）

中央教育審議会答申「新しい時代にふさわしい教育基本法と教育振興基本計画の在り方について」（概要）（二〇〇三年三月二〇日）

与党教育基本法改正に関する協議会中間報告（二〇〇四年六月一六日）

教育学関連学会の「教育基本法の見直しに対する要望」（二〇〇三年三月五日）

「教育基本法改正問題を考える」資料集・報告集　出版物一覧

［資料作成者］
三上　昭彦（日本教育政策学会・明治大学）
宮盛　邦友（準備委員会幹事・立正大学非常勤講師）

教育基本法（昭和二二年三月三一日 法律第二五号）

われらは、さきに、日本国憲法を確定し、民主的で文化的な国家を建設して、世界の平和と人類の福祉に貢献しようとする決意を示した。この理想の実現は、根本において教育の力にまつべきものである。

われらは、個人の尊厳を重んじ、真理と平和を希求する人間の育成を期するとともに、普遍的にしてしかも個性ゆたかな文化の創造をめざす教育を普及徹底しなければならない。

ここに、日本国憲法の精神に則り、教育の目的を明示して、新しい日本の教育の基本を確立するため、この法律を制定する。

第一条（教育の目的） 教育は、人格の完成をめざし、平和的な国家及び社会の形成者として、真理と正義を愛し、個人の価値をたつとび、勤労と責任を重んじ、自主的精神に充ちた心身ともに健康な国民の育成を期して行われなければならない。

第二条（教育の方針） 教育の目的は、あらゆる機会に、あらゆる場所において実現されなければならない。この目的を達成するためには、学問の自由を尊重し、実際生活に即し、自発的精神を養い、自他の敬愛と協力によつて、文化の創造と発展に貢献するように努めなければならない。

第三条（教育の機会均等） すべて国民は、ひとしく、その能力に応ずる教育を受ける機会を与えられなければならないものであつて、人種、信条、性別、社会的身分、経済的地位又は門地によつて、教育上差別されない。

② 国及び地方公共団体は、能力があるにもかかわらず、経済的理由によつて修学困難な者に対して、奨学の方法を講じなければならない。

第四条（義務教育）　国民は、その保護する子女に、九年の普通教育を受けさせる義務を負う。

②　国又は地方公共団体の設置する学校における義務教育については、授業料は、これを徴収しない。

第五条（男女共学）　男女は、互に敬重し、協力し合わなければならないものであつて、教育上男女の共学は、認められなければならない。

第六条（学校教育）　法律に定める学校は、公の性質をもつものであつて、国又は地方公共団体の外、法律に定める法人のみが、これを設置することができる。

②　法律に定める学校の教員は、全体の奉仕者であつて、自己の使命を自覚し、その職責の遂行に努めなければならない。このためには、教員の身分は、尊重され、その待遇の適正が、期せられなければならない。

第七条（社会教育）　家庭教育及び勤労の場所その他社会において行われる教育は、国及び地方公共団体によつて奨励されなければならない。

②　国及び地方公共団体は、図書館、博物館、公民館等の施設の設置、学校の施設の利用その他適当な方法によつて教育の目的の実現に努めなければならない。

第八条（政治教育）　良識ある公民たるに必要な政治的教養は、教育上これを尊重しなければならない。

②　法律に定める学校は、特定の政党を支持し、又はこれに反対するための政治教育その他政治的活動をしてはならない。

第九条（宗教教育）　宗教に関する寛容の態度及び宗教の社会生活における地位は、教育上これを尊重しなければならない。

②　国及び地方公共団体が設置する学校は、特定の宗教のための宗教教育その他宗教的活動をしてはならない。

第十条（教育行政）　教育は、不当な支配に服することなく、国民全体に対し直接に責任を負つて行われるべきものである。

②　教育行政は、この自覚のもとに、教育の目的を遂行するに必要な諸条件の整備確立を目標として行われなければならない。

第十一条（補則）　この法律に掲げる諸条項を実施するために必要がある場合には、適当な法令が制定されなければならない。

附　則

この法律は、公布の日から、これを施行する。

教育基本法改正案〈政府提出〉（二〇〇六年四月二八日）

教育基本法（昭和二十二年法律第二十五号）の全部を改正する。

目次

我々日本国民は、たゆまぬ努力によって築いてきた民主的で文化的な国家を更に発展させるとともに、世界の平和と人類の福祉の向上に貢献することを願うものである。

我々は、この理想を実現するため、個人の尊厳を重んじ、真理と正義を希求し、公共の精神を尊び、豊かな人間性と創造性を備えた人間の育成を期するとともに、伝統を継承し、新しい文化の創造を目指す教育を推進する。

ここに、我々は、日本国憲法の精神にのっとり、我が国の未来を切り拓《ひら》く教育の基本を確立し、その振興を図るため、この法律を制定する。

第一章　教育の目的及び理念

（教育の目的）

第一条　教育は、人格の完成を目指し、平和で民主的な国家及び社会の形成者として必要な資質を備えた心身ともに健康な国民の育成を期して行われなければならない。

（教育の目標）

第二条　教育は、その目的を実現するため、学問の自由を尊重しつつ、次に掲げる目標を達成するよう行われるものとする。

一　幅広い知識と教養を身に付け、真理を求める態度を養い、豊かな情操と道徳心を培うとともに、健やかな身体を養うこと。

二　個人の価値を尊重して、その能力を伸ばし、創造性を培い、自主及び自律の精神を養うとともに、職業及び生活との関連を重視し、勤労を重んずる態度を養うこと。

三　正義と責任、男女の平等、自他の敬愛と協力を重んずるとともに、公共の精神に基づき、主体的に社会の形成に参画し、その発展に寄与する態度を養うこと。

四　生命を尊び、自然を大切にし、環境の保全に寄与する態度を養うこと。

五　伝統と文化を尊重し、それらをはぐくんできた我が国と郷土を愛するとともに、他国を尊重し、国際社会の平和と発展に寄与する態度を養うこと。

（生涯学習の理念）

第三条　国民一人一人が、自己の人格を磨き、豊かな人生を送ることができるよう、その生涯にわたって、あらゆる機会に、あらゆる場所において学習することができ、その成果を適切に生かすことのできる社会の実現が図られなければならない。

（教育の機会均等）

第四条　すべて国民は、ひとしく、その能力に応じた教育を受ける機会を与えられなければならず、人種、信条、性別、社会的身分、経済的地位又は門地によって、教育上差別されない。

2　国及び地方公共団体は、障害のある者が、その障害の状態に応じ、十分な教育を受けられるよう、教育上必要な支援を講じなければならない。

3　国及び地方公共団体は、能力があるにもかかわらず、経済的理由によって修学が困難な者に対して、奨学の措置を講じなければならない。

第二章　教育の実施に関する基本

（義務教育）

第五条　国民は、その保護する子に、別に法律で定めるところにより、普通教育を受けさせる義務を負う。

2　義務教育として行われる普通教育は、各個人の有する能力を伸ばしつつ社会において自立的に生きる基礎を培い、また、国家及び社会の形成者として必要とされる基本的な資質を養うことを目的として行われるものとする。

3　国及び地方公共団体は、義務教育の機会を保障し、その水準を確保するため、適切な役割分担及び相互の協力の下、その実施に責任を負う。

4　国又は地方公共団体の設置する学校における義務教育については、授業料を徴収しない。

（学校教育）

第六条　法律に定める学校は、公の性質を有するものであって、国、地方公共団体及び法律に定める法人のみが、これを設置することができる。

2　前項の学校においては、教育の目標が達成されるよう、教育を受ける者の心身の発達に応じて、体系的な教育が組織的に行われなければならない。この場合において、教育を受ける者が、学校生活を営む上で必要な規律を重んずるとともに、自ら進んで学習に取り組む意欲を高めることを重視して行われなければならない。

（大学）

第七条　大学は、学術の中心として、高い教養と専門的能力を培うとともに、深く真理を探究して新たな知見を創造し、これらの成果を広く社会に提供することにより、社会の発展に寄与するものとする。

2　大学については、自主性、自律性その他の大学における教育及び研究の特性が尊重されなければならない。

（私立学校）

第八条　私立学校の有する公の性質及び学校教育において果たす重要な役割にかんがみ、国及び地方公共団体は、その自主性を尊重しつつ、助成その他の適当な方法によって私立学校教育の振興に努めなければならない。

（教員）

第九条　法律に定める学校の教員は、自己の崇高な使命を深く自覚し、絶えず研究と修養に励み、その職責の遂行に努めなければならない。

2　前項の教員については、その使命と職責の重要性にかんがみ、その身分は尊重され、待遇の適正が期せられるとともに、養成と研修の充実が図られなければならない。

（家庭教育）

第十条　父母その他の保護者は、子の教育について第一義的責任を有するものであって、生活のために必要な習慣を身に付けさせるとともに、自立心を育成し、心身の調和のとれた発達を図るよう努めるものとする。

2　国及び地方公共団体は、家庭教育の自主性を尊重しつつ、保護者に対する学習の機会及び情報の提供その他の家庭教育を支援するために必要な施策を講ずるよう努めなければならない。

（幼児期の教育）

第十一条　幼児期の教育は、生涯にわたる人格形成の基礎を培う重要なものであることにかんがみ、国及び地方公共団体は、幼児の健やかな成長に資する良好な環境の整備その他適当な方法によって、その振興に努めなければならない。

（社会教育）

第十二条　個人の要望や社会の要請にこたえ、社会において行われる教育は、国及び地方公共団体によって奨励されなければならない。

2　国及び地方公共団体は、図書館、博物館、公民館その他の社会教育施設の設置、学校の施設の利用、学習の機会及び情報の提供その他の適当な方法によって社会教育の振興に努めなければならない。

（学校、家庭及び地域住民等の相互の連携協力）

第十三条　学校、家庭及び地域住民その他の関係者は、教育におけるそれぞれの役割と責任を自覚するとともに、相互の連携及び協力に努めるものとする。

（政治教育）

第十四条　良識ある公民として必要な政治的教養は、教育上尊重されなければならない。

2　法律に定める学校は、特定の政党を支持し、又はこれに反対するための政治教育その他政治的活動をしてはならない。

（宗教教育）

第十五条　宗教に関する寛容の態度、宗教に関する一般的な教養及び宗教の社会生活における地位は、教育上尊重されなければならない。

2　国及び地方公共団体が設置する学校は、特定の宗教のための宗教教育その他宗教的活動をしてはならない。

第三章　教育行政

（教育行政）

第十六条　教育は、不当な支配に服することなく、この法律及び他の法律の定めるところにより行われるべきものであり、教育行政は、国と地方公共団体との適切な役割分担及び相互の協力の下、公正かつ適正に行われなければならない。

2　国は、全国的な教育の機会均等と教育水準の維持向上を図るため、教育に関する施策を総合的に策定し、実施しなければならない。

3　地方公共団体は、その地域における教育の振興を図るため、その実情に応じた教育に関する施策を策定し、実施しなければならない。

4　国及び地方公共団体は、教育が円滑かつ継続的に実施されるよう、必要な財政上の措置を講じなければならない。

（教育振興基本計画）

第十七条　政府は、教育の振興に関する施策の総合的かつ計画的な推進を図るため、教育の振興に関する施策についての基本的な方針及び講ずべき施策その他必要な事項について、基本的な計画を定め、これを国会に報告するとともに、公表しなければならない。

2　地方公共団体は、前項の計画を参酌し、その地域の実情に応じ、当該地方公共団体における教育の振興のための施策に関する基本的な計画を定めるよう努めなければならない。

第四章　法令の制定

第十八条　この法律に規定する諸条項を実施するため、必要な法令が制定されなければならない。

附　則

（施行期日）

1　この法律は、公布の日から施行する。

（社会教育法等の一部改正）

2　次に掲げる法律の規定中「教育基本法（昭和二十二年法律第二十五号）」を「教育基本法（平成十八年法律第　　号）」に改める。

一　社会教育法（昭和二十四年法律第二百七号）第一条

二　産業教育振興法（昭和二十六年法律第二百二十八号）第一条

三　理科教育振興法（昭和二十八年法律第百八十六号）第一条

四　高等学校の定時制教育及び通信教育振興法（昭和二十八年法律第二百三十八号）第一条

五　義務教育諸学校における教育の政治的中立の確保に関する臨時措置法（昭和二十九年法律第百五十七号）第一条

六　国立大学法人法（平成十五年法律第百十二号）第三十七条第一項

七　独立行政法人国立高等専門学校機構法（平成十五年法律第百十三号）第十六条

（放送大学学園法及び構造改革特別区域法の一部改正）

3　次に掲げる法律の規定中「教育基本法（昭和二十二年法律第二十五号）第九条第二項」を「教育基本法（平成十八年法律第　　号）第十五条第二項」に改める。

一　放送大学学園法（平成十四年法律第百五十六号）第十八条

二　構造改革特別区域法（平成十四年法律第百八十九号）第二十条第十七項

理　由

我が国の教育をめぐる諸情勢の変化にかんがみ、時代の要請にこたえる我が国の教育の基本を確立するため、教育基本法の全部を改正し、教育の目的及び理念並びに教育の実施に関する基本となる事項を定めるとともに、国及び地方公共団体の責務を明らかにし、教育振興基本計画の策定について定める等の必要がある。これが、この法律案を提出する理由である。

日本国教育基本法案〈民主党提出〉（二〇〇六年五月二三日）

心身ともに健やかな人間の育成は、教育の原点である家庭と、学校、地域、社会の、広義の教育の力によって達成されるものである。

また、日本国民ひいては人類の未来、我が国及び世界の将来は、教育の成果に依存する。

我々が直面する課題は、自由と責任についての正しい認識と、また、人と人、国と国、宗教と宗教、人類と自然との間に、共に生き、互いに生かされるという共生の精神を醸成することである。

我々が目指す教育は、人間の尊厳と平和を重んじ、生命の尊さを知り、真理と正義を愛し、美しいものを美しいと感ずる心を育み、創造性に富んだ、人格の向上発展を目指す人間の育成である。

更に、自立し、自律の精神を持ち、個人や社会に起こる不条理な出来事に対して、連帯して取り組む豊かな人間性と、公共の精神を大切にする人間の育成である。

同時に、日本を愛する心を涵養し、祖先を敬い、子孫に想いをいたし、伝統、文化、芸術を尊び、学術の振興に努め、他国や他文化を理解し、新たな文明の創造を希求することである。

我々は、教育の使命を以上のように認識し、国政の中心に教育を据え、日本国憲法の精神と新たな理念に基づく教育に日本の明日を託す決意をもって、ここに日本国教育基本法を制定する。

（教育の目的）

第一条　教育は、人格の向上発展を目指し、日本国憲法の精神に基づく真の主権者として、人間の尊厳を重んじ、民主的で文化的な国家、社会及び家庭の形成者たるに必要な資質を備え、世界の平和と人類の福祉に貢献する心身ともに健やかな人材の育成を期して行われなければならない。

（学ぶ権利の保障）

第二条　何人も、生涯にわたって、学問の自由と教育の目的の尊重のもとに、健康で文化的な生活を営むための学びを十分に奨励され、支援され、及び保障され、その内容を選択し、及び決定する権利を有する。

（適切かつ最善な教育の機会及び環境の享受等）

第三条　何人も、その発達段階及びそれぞれの状況に応じた、適切かつ最善な教育の機会及び環境を享受する権利を有する。

2　何人も、人種、性別、言語、宗教、信条、社会的身分、経済的地位又は門地によって、教育上差別されない。

3　国及び地方公共団体は、すべての幼児、児童及び生徒の発達段階及びそれぞれの状況に応じた、適切かつ最善な教育の機会及び環境の確保及び整備のための施策を策定し、及びこれを実施する責務を有する。

4　国及び地方公共団体は、経済的理由によって修学困難な者に対して、十分な奨学の方法を講じなければならない。

（学校教育）

第四条　国及び地方公共団体は、すべての国民及び日本に居住する外国人に対し、意欲をもって学校教育を受けられるよう、適切かつ最善な学校教育の機会及び環境の確保及び整備に努めなければならない。

2　学校教育は、我が国の歴史と伝統文化を踏まえつつ、国際社会の変動、科学と技術の進展その他の社会経済情勢の変化に的確に対応するものでなければならない。

3　学校教育においては、学校の自主性及び自律性が十分に発揮されなければならない。

4　法律に定める学校は、その行う教育活動に関し、幼児、児童、生徒及び学生の個人情報の保護に留意しつつ、必要な情報を本人及び保護者等の関係者に提供し、かつ、多角的な観点から点検及び評価に努めなければならない。

5　国及び地方公共団体は、前項の学校が行う情報の提供並びに点検及び評価の円滑な実施を支援しなければならない。

（教員）

第五条　法律に定める学校は、公の性質を有するものであり、その教員は、全体の奉仕者であって、自己の崇高な使命を自覚し、その職責の十全な遂行に努めなければならない。

2　前項の教員は、その身分が尊重され、その待遇が適正に保障されなければならない。

3　第一項の教員については、その養成と研修の充実が図られなければならない。

（幼児期の教育）

第六条　幼児期にあるすべての子どもは、その発達段階及びそれぞれの状況に応じて、適切かつ最善な教育を受ける権利を有する。

2　国及び地方公共団体は、幼児期の子どもに対する無償教育の漸進的な導入に努めなければならない。

（普通教育及び義務教育）

第七条　何人も、別に法律で定める期間の普通教育を受ける権利を有する。国民は、その保護する子どもに、当該普通教育を受けさせる義務を負う。

2　義務教育は、真の主権者として民主的で文化的な国家、社会及び家庭の形成者を育成することを目的とし、基礎的な学力の修得及び体力の向上、心身の調和的発達、道徳心の育成、文化的素養の醸成、国際協調の精神の養成並びに自主自立の精神の体得を旨として行われるものとする。

3　国は、普通教育の機会を保障し、その最終的な責任を有する。

4　国は、普通教育に関し、地方公共団体の行う自主的かつ主体的な施策に配慮し、地方公共団体は、国との適切な役割分担を踏まえつつ、その地域の特性に応じた施策を講ずるものとする。

5　国又は地方公共団体の設置する学校における義務教育については授業料は徴収せず、その他義務教育に関する費用については、保護者の負担は、できる限り軽減されるものとする。

（高等教育）

第八条　高等教育は、我が国の学術研究の分野において、その水準の向上及びその多様化を図るとともに、社会の各分野における創造性に富む担い手を育成することを旨として行われるものとする。

2　高等教育を行う学校は、社会に開かれたものとなるよう、職業人としての資質の向上に資する社会人の受入れの拡大、地域、産業、文化、社会等の活性化に資する人材の養成を目指す関係者との連携等を積極的に図るものとする。

3　高等教育については、無償教育の漸進的な導入及び奨学制度の充実等により、能力に応じ、すべての者に対してこれを利用する機会が与えられるものとする。

（建学の自由及び私立の学校の振興）

第九条　建学の自由は、別に法律で定めるところにより、教育の目的の尊重のもとに、保障されるものとする。国及び地方公共団体は、これを最大限尊重し、あわせて、多様な教育の機会の確保及び整備の観点から、私立の学校への助成及び私立の学校に在籍する者への支援に努めなければならない。

（家庭における教育）

第十条　家庭における教育は、教育の原点であり、子どもの基本的な生活習慣、倫理観、自制心、自尊心等の資質の形成に積極的な役割を果たすことを期待される。保護者は、子どもの最善の利益のため、その能力及び資力の範囲内で、その養育及び発達についての第一義的な責任を有する。

2　国及び地方公共団体は、保護者に対して、適切な支援を講じなければならない。

3　国及び地方公共団体は、健やかな家庭環境を享受できないすべての子どもに対して、適当な養護、保護及び援助を行わなければならない。

（地域における教育）

第十一条　地域における教育においては、地域住民の自発的取組が尊重され、多くの人々が、学校及び家庭との連携のもとに、その担い手になることが期待され、そのことを奨励されるものとする。

（生涯学習及び社会教育）

第十二条　国及び地方公共団体は、国民が生涯を通じて、あらゆる機会に、あらゆる場所において、多様な学習機会を享受できるよう、社会教育の充実に努めなければならない。

2　国及び地方公共団体が行う社会教育の充実は、図書館、博物館、公民館等の施設と機能の整備その他適当な方法によって、図られるものとする。

（特別な状況に応じた教育）

第十三条　障がいを有する子どもは、その尊厳が確保され、共に学ぶ機会の確保に配慮されつつ自立や社会参加が促進され、適切な生活を享受するため、特別の養護及び教育を受ける権利を有する。国及び地方公共団体は、障がい、発達状況、就学状況等、それぞれの子どもの状況に応じて、適切かつ最善な支援を講じなければならない。

（職業教育）

第十四条　何人も、学校教育と社会教育を通じて、勤労の尊さを学び、職業に対する素養と能力を修得するための職業教育を受ける権利を有する。国及び地方公共団体は、職業教育の振興に努めなければならない。

（政治教育）

第十五条　国政及び地方自治に参画する良識ある真の主権者としての自覚と態度を養うことは、教育上尊重されなければならない。

2　法律に定める学校は、特定の政党を支持し、又はこれに反対するための政治教育その他政治的活動をしてはならない。

（生命及び宗教に関する教育）

第十六条　生の意義と死の意味を考察し、生命あるすべてのものを尊ぶ態度を養うことは、教育上尊重されなければならない。

2　宗教的な伝統や文化に関する基本的知識の修得及び宗教の意義の理解は、教育上重視されなければならない。

3　宗教的感性の涵養及び宗教に関する寛容の態度を養うことは、教育上尊重されなければならない。

4　国、地方公共団体及びそれらが設置する学校は、特定の宗教の信仰を奨励し、又はこれに反対するための宗教教育その他宗教的活動をしてはならない。

（情報文化社会に関する教育）

第十七条　すべての児童及び生徒は、インターネット等を利用した仮想情報空間におけるコミュニケーションの可能性、限界及び問題について、的確に理解し、適切な人間関係を構築する態度と素養を修得するよう奨励されるものとする。

2　すべての児童及び生徒は、文化的素養を醸成し、他者との対話、交流及び協働を促進する基礎となる国語力を身につけるための適切かつ最善な教育の機会を得られるよう奨励されるものとする。
3　すべての児童及び生徒は、その健やかな成長に有害な情報から保護されるよう配慮されるものとする。

（教育行政）

第十八条　教育行政は、民主的な運営を旨として行われなければならない。
2　地方公共団体が行う教育行政は、その施策に民意を反映させるものとし、その長が行わなければならない。
3　地方公共団体は、教育行政の向上に資するよう、教育行政に関する民主的な組織を整備するものとする。
4　地方公共団体が設置する学校は、保護者、地域住民、学校関係者、教育専門家等が参画する学校理事会を設置し、主体的・自律的運営を行うものとする。

（教育の振興に関する計画）

第十九条　政府は、国会の承認を得て、教育の振興に関する基本的な計画を定めるとともに、これを公表しなければならない。
2　前項の計画には、我が国の国内総生産に対する教育に関する国の財政支出の比率を指標として、教育に関する国の予算の確保及び充実の目標が盛り込まれるものとする。
3　政府は、第一項の計画の実施状況に関し、毎年、国会に報告するとともに、これを公表しなければならない。
4　地方公共団体は、その議会の承認を得て、その実情に応じ、地域の教育の振興に関する具体的な計画を定めるとともに、これを公表しなければならない。
5　前項の計画には、教育に関する当該地方公共団体の予算の確保及び充実の目標が盛り込まれるものとする。
6　地方公共団体の長は、第四項の計画の実施状況に関し、毎年、その議会に報告するとともに、これを公表しなければならない。

（予算の確保）

第二十条　政府及び地方公共団体は、前条第一項又は第四項の計画の実施に必要な予算を安定的に確保しなければならない。

（法令の制定）

第二十一条　この法律に規定する諸条項を実施するため、必要な法令が制定されなければならない。

附　則

（施行期日）

第一条　この法律は、公布の日から施行する。ただし、第十八条第二項から第四項までの規定は、別に法律で定める日から施行する。

（教育基本法の廃止）

第二条　教育基本法（昭和二十二年法律第二十五号）は、廃止する。

（社会教育法等の一部改正）

第三条　次に掲げる法律の規定中「教育基本法（昭和二十二年法律第二十五号）」を「日本国教育基本法（平成十八年法律第　　号）」に改める。

一　社会教育法（昭和二十四年法律第二百七号）第一条

二　産業教育振興法（昭和二十六年法律第二百二十八号）第一条

三　理科教育振興法（昭和二十八年法律第百八十六号）第一条

四　高等学校の定時制教育及び通信教育振興法（昭和二十八年法律第二百三十八号）第一条

五　義務教育諸学校における教育の政治的中立の確保に関する臨時措置法（昭和二十九年法律第百五十七号）第一条

六　国立大学法人法（平成十五年法律第百十二号）第三十七条第一項

七　独立行政法人国立高等専門学校機構法（平成十五年法律第百十三号）第十六条

（放送大学学園法の一部改正）

第四条　放送大学学園法（平成十四年法律第百五十六号）の一部を次のように改正する。

第十八条の見出し中「教育基本法」を「日本国教育基本法」に改め、同条中「教育基本法（昭和二十二年法律第二十五号）第九条第二項」を「日本国教育基本法（平成十八年法律第　　号）第十六条第四項」に改める。

（構造改革特別区域法の一部改正）

第五条　構造改革特別区域法（平成十四年法律第百八十九号）の一部を次のように改正する。

第二十条第十七項中「教育基本法（昭和二十二年法律第二十五号）第九条第二項」を「日本国教育基本法（平成十八年法律第　　号）第十六条第四項」に改める。

理　由

新たな文明の創造を希求し、未来を担う人間の育成について教育が果たすべき使命の重要性にかんがみ、新たに日本国教育基本法を制定し、教育の目的を明らかにするとともに、学ぶ権利の保障を施策の中心に据えつつ、適切かつ最善な教育の機会及び環境の確保及び整備、教育現場の自主性及び自律性の確保その他教育の基本となる事項を定める必要がある。これが、この法律案を提出する理由である。

教育基本法・教育基本法改正案（政府案）・日本国教育基本法案（民主党案）対照表

現行法	教育基本法改正案（政府案）	日本国教育基本法案（民主党案）
われらは、さきに、日本国憲法を確定し、民主的で文化的な国家を建設して、世界の平和と人類の福祉に貢献しようとする決意を示した。この理想の実現は、根本において教育の力にまつべきものである。 われらは、個人の尊厳を重んじ、真理と平和を希求する人間の育成を期するとともに、普遍的にしてしかも個性ゆたかな文化の創造をめざす教育を普及徹底しなければならない。 ここに、日本国憲法の精神に則り、教育の目的を明示して、新しい日本の教育の基本を確立するため、この法律を制定する。	目次 前文 第一章　教育の目的及び理念（第一条―第四条） 第二章　教育の実施に関する基本（第五条―第十五条） 第三章　教育行政（第十六条・第十七条） 第四章　法令の制定（第十八条） 附則 我々日本国民は、たゆまぬ努力によって築いてきた民主的で文化的な国家を更に発展させるとともに、世界の平和と人類の福祉の向上に貢献することを願うものである。 我々は、この理想を実現するため、個人の尊厳を重んじ、真理と正義を希求し、公共の精神を尊び、豊かな人間性と創造性を備えた人間の育成を期するとともに、伝統を継承し、新しい文化の創造を目指す教育を推進する。 ここに、我々は、日本国憲法の精神にのっとり、我が国の未来を切り拓く教育の基本を確立し、その振興を図るため、この法律を制	心身ともに健やかな人間の育成は、教育の原点である家庭と、学校、地域、社会の、広義の教育の力によって達成されるものである。 また、日本国民ひいては人類の未来、我が国及び世界の将来は、教育の成果に依存する。 我々が直面する課題は、自由と責任についての正しい認識と、また、人と人、国と国、宗教と宗教、人類と自然との間に、共に生き、互いに生かされるという共生の精神を醸成することである。 我々が目指す教育は、人間の尊厳と平和を重んじ、生命の尊さを知り、真理と正義を愛し、美しいものを美しいと感じる心を育み、

第一条（教育の目的）　教育は、人格の完成をめざし、平和的な国家及び社会の形成者として、真理と正義を愛し、個人の価値をたつとび、勤労と責任を重んじ、自主的精神に充ちた心身ともに健康な国民の育成を期して行われなければならない。

第二条（教育の方針）　教育の目的は、あら

定する。

第一章　教育の目的及び理念

（教育の目的）

第一条　教育は、人格の完成を目指し、平和で民主的な国家及び社会の形成者として必要な資質を備えた心身ともに健康な国民の育成を期して行われなければならない。

（教育の目標）

第二条　教育は、その目的を実現するため、

創造性に富んだ、人格の向上発展を目指す人間の育成である。

更に、自立し、自律の精神を持ち、個人や社会に起こる不条理な出来事に対して、連帯して取り組む豊かな人間性と、公共の精神を大切にする人間の育成である。

同時に、日本を愛する心を涵養し、祖先を敬い、子孫に想いをいたし、伝統、文化、芸術を尊び、学術の振興に努め、他国や他文化を理解し、新たな文明の創造を希求することである。

我々は、教育の使命を以上のように認識し、国政の中心に教育を据え、日本国憲法の精神と新たな理念に基づく教育に日本の明日を託す決意をもって、ここに日本国教育基本法を制定する。

（教育の目的）

第一条　教育は、人格の向上発展を目指し、日本国憲法の精神に基づく真の主権者として、人間の尊厳を重んじ、民主的で文化的な国家、社会及び家庭の形成者たるに必要な資質を備え、世界の平和と人類の福祉に貢献する心身ともに健やかな人材の育成を期して行われなければならない。

（学ぶ権利の保障）

第二条　何人も、生涯にわたって、学問の自

ゆる機会に、あらゆる場所において実現されなければならない。この目的を達成するためには、学問の自由を尊重し、実際生活に即し、自発的精神を養い、自他の敬愛と協力によつて、文化の創造と発展に貢献するように努めなければならない。

学問の自由を尊重しつつ、次に掲げる目標を達成するよう行われるものとする。

一　幅広い知識と教養を身に付け、真理を求める態度を養い、豊かな情操と道徳心を培うとともに、健やかな身体を養うこと。

二　個人の価値を尊重して、その能力を伸ばし、創造性を培い、自主及び自律の精神を養うとともに、職業及び生活との関連を重視し、勤労を重んずる態度を養うこと。

三　正義と責任、男女の平等、自他の敬愛と協力を重んずるとともに、公共の精神に基づき、主体的に社会の形成に参画し、その発展に寄与する態度を養うこと。

四　生命を尊び、自然を大切にし、環境の保全に寄与する態度を養うこと。

五　伝統と文化を尊重し、それらをはぐくんできた我が国と郷土を愛するとともに、他国を尊重し、国際社会の平和と発展に寄与する態度を養うこと。

（生涯学習の理念）…（新設）

第三条　国民一人一人が、自己の人格を磨き、豊かな人生を送ることができるよう、その生涯にわたって、あらゆる機会に、あらゆる場所において学習することができ、その成果を適切に生かすことのできる社会の実現が図られなければならない。

由と教育の目的の尊重のもとに、健康で文化的な生活を営むための学びを十分に奨励され、支援され、及び保障され、その内容を選択し、及び決定する権利を有する。

第三条（教育の機会均等）　すべて国民は、ひとしく、その能力に応ずる教育を受ける機会を与えられなければならないものであつて、人種、信条、性別、社会的身分、経済的地位又は門地によつて、教育上差別されない。

②　国及び地方公共団体は、能力があるにもかかわらず、経済的理由によつて修学困難な者に対して、奨学の方法を講じなければならない。

（教育の機会均等）

第四条　すべて国民は、ひとしく、その能力に応じた教育を受ける機会を与えられなければならず、人種、信条、性別、社会的身分、経済的地位又は門地によって、教育上差別されない。

2　国及び地方公共団体は、障害のある者が、その障害の状態に応じ、十分な教育を受けられるよう、教育上必要な支援を講じなければならない。…（新設）

3　国及び地方公共団体は、能力があるにもかかわらず、経済的理由によって修学が困難な者に対して、奨学の措置を講じなければならない。

（適切かつ最善な教育の機会及び環境の享受等）

第三条　何人も、その発達段階及びそれぞれの状況に応じた、適切かつ最善な教育の機会及び環境を享受する権利を有する。

2　何人も、人種、性別、言語、宗教、信条、社会的身分、経済的地位又は門地によって、教育上差別されない。

3　国及び地方公共団体は、すべての幼児、児童及び生徒の発達段階及びそれぞれの状況に応じた、適切かつ最善な教育の機会及び環境の確保及び整備のための施策を策定し、及びこれを実施する責務を有する。

4　国及び地方公共団体は、経済的理由によって修学困難な者に対して、十分な奨学の方法を講じなければならない。

（学校教育）

第四条　国及び地方公共団体は、すべての国民及び日本に居住する外国人に対し、意欲をもって学校教育を受けられるよう、適切かつ最善な学校教育の機会及び環境の確保及び整備に努めなければならない。

2　学校教育は、我が国の歴史と伝統文化を踏まえつつ、国際社会の変動、科学と技術の進展その他の社会経済情勢の変化に的確に対応するものでなければならない。

3　学校教育においては、学校の自主性及び

第四条（義務教育）　国民は、その保護する子女に、九年の普通教育を受けさせる義務を負う。

第二章　教育の実施に関する基本

（義務教育）

第五条　国民は、その保護する子に、別に法律で定めるところにより、普通教育を受けさせる義務を負う。

2　義務教育として行われる普通教育は、各個人の有する能力を伸ばしつつ社会において自立的に生きる基礎を培い、また、国家及び社会の形成者として必要とされる基本的な資質を養うことを目的として行われるものとする。…（新設）

3　国及び地方公共団体は、義務教育の機会を保障し、その水準を確保するため、適切な役割分担及び相互の協力の下、その実施に責任を負う。…（新設）

自律性が十分に発揮されなければならない。

4　法律に定める学校は、その行う教育活動に関し、幼児、児童、生徒及び学生の個人情報の保護に留意しつつ、必要な情報を本人及び保護者等の関係者に提供し、かつ、多角的な観点から点検及び評価に努めなければならない。

5　国及び地方公共団体は、前項の学校が行う情報の提供並びに点検及び評価の円滑な実施を支援しなければならない。

（普通教育及び義務教育）

第七条　何人も、別に法律で定める期間の普通教育を受ける権利を有する。国民は、その保護する子どもに、当該普通教育を受けさせる義務を負う。

2　義務教育は、真の主権者として民主的で文化的な国家、社会及び家庭の形成者を育成することを目的とし、基礎的な学力の修得及び体力の向上、心身の調和的発達、道徳心の育成、文化的素養の醸成、国際協調の精神の養成並びに自主自立の精神の体得を旨として行われるものとする。

3　国は、普通教育の機会を保障し、その最終的な責任を有する。

4　国は、普通教育に関し、地方公共団体の行う自主的かつ主体的な施策に配慮し、地

② 国又は地方公共団体の設置する学校における義務教育については、授業料は、これを徴収しない。	4 国又は地方公共団体の設置する学校における義務教育については、授業料を徴収しない。	方公共団体は、国との適切な役割分担を踏まえつつ、その地域の特性に応じた施策を講ずるものとする。 5 国又は地方公共団体の設置する学校における義務教育については授業料は徴収せず、その他義務教育に関する費用については、保護者の負担は、できる限り軽減されるものとする。
第五条（男女共学）男女は、互に敬重し、協力し合わなければならないものであつて、教育上男女の共学は、認められなければならない。	（削除）	（削除）
第六条（学校教育）法律に定める学校は、公の性質をもつものであつて、国又は地方公共団体の外、法律に定める法人のみが、これを設置することができる。	（学校教育） 第六条　法律に定める学校は、公の性質を有するものであって、国、地方公共団体及び法律に定める法人のみが、これを設置することができる。 2　前項の学校においては、教育の目標が達成されるよう、教育を受ける者の心身の発達に応じて、体系的な教育が組織的に行われなければならない。この場合において、教育を受ける者が、学校生活を営む上で必要な規律を重んずるとともに、自ら進んで学習に取り組む意欲を高めることを重視して行われなければならない。…（新設）	（教員） 第五条　法律に定める学校は、公の性質を有するものであり、その教員は、全体の奉仕者であって、自己の崇高な使命を自覚し、その職責の十全な遂行に努めなければならない。
② 法律に定める学校の教員は、全体の奉仕者であつて、自己の使命を自覚し、その職責の遂行に努めなければならない。このた	（第九条として条立て）	2 前項の教員は、その身分が尊重され、その待遇が適正に保障されなければならない。

めには、教員の身分は、尊重され、その待遇の適正が、期せられなければならない。

（大学）…（新設）

第七条　大学は、学術の中心として、高い教養と専門的能力を培うとともに、深く真理を探究して新たな知見を創造し、これらの成果を広く社会に提供することにより、社会の発展に寄与するものとする。

2　大学については、自主性、自律性その他の大学における教育及び研究の特性が尊重されなければならない。

（私立学校）…（新設）

第八条　私立学校の有する公の性質及び学校教育において果たす重要な役割にかんがみ、国及び地方公共団体は、その自主性を尊重しつつ、助成その他の適当な方法によって私立学校教育の振興に努めなければならない。

3　第一項の教員については、その養成と研修の充実が図られなければならない。

（高等教育）

第八条　高等教育は、我が国の学術研究の分野において、その水準の向上及びその多様化を図るとともに、社会の各分野における創造性に富む担い手を育成することを旨として行われるものとする。

2　高等教育を行う学校は、社会に開かれたものとなるよう、職業人としての資質の向上に資する社会人の受入れの拡大、地域、産業、文化、社会等の活性化に資する人材の養成を目指す関係者との連携等を積極的に図るものとする。

3　高等教育については、無償教育の漸進的な導入及び奨学制度の充実等により、能力に応じ、すべての者に対してこれを利用する機会が与えられるものとする。

（建学の自由及び私立の学校の振興）

第九条　建学の自由は、別に法律で定めるところにより、教育の目的の尊重のもとに、保障されるものとする。国及び地方公共団体は、これを最大限尊重し、あわせて、多様な教育の機会の確保及び整備の観点から、私立の学校への助成及び私立の学校に在籍する者への支援に努めなければならない。

（教員）
第九条　法律に定める学校の教員は、自己の崇高な使命を深く自覚し、絶えず研究と修養に励み、その職責の遂行に努めなければならない。
2　前項の教員については、その使命と職責の重要性にかんがみ、その身分は尊重され、待遇の適正が期せられるとともに、養成と研修の充実が図られなければならない。
…（現行法第六条二項参照）

（家庭教育）…（新設）
第十条　父母その他の保護者は、子の教育について第一義的責任を有するものであって、生活のために必要な習慣を身に付けさせるとともに、自立心を育成し、心身の調和のとれた発達を図るよう努めるものとする。
2　国及び地方公共団体は、家庭教育の自主性を尊重しつつ、保護者に対する学習の機会及び情報の提供その他の家庭教育を支援するために必要な施策を講ずるよう努めなければならない。

（幼児期の教育）…（新設）
第十一条　幼児期の教育は、生涯にわたる人

（第五条参照）

（家庭における教育）
第十条　家庭における教育は、教育の原点であり、子どもの基本的な生活習慣、倫理観、自制心、自尊心等の資質の形成に積極的な役割を果たすことを期待される。保護者は、子どもの最善の利益のため、その能力及び資力の範囲内で、その養育及び発達についての第一義的な責任を有する。
2　国及び地方公共団体は、保護者に対して、適切な支援を講じなければならない。
3　国及び地方公共団体は、健やかな家庭環境を享受できないすべての子どもに対して、適当な養護、保護及び援助を行わなければならない。

（幼児期の教育）
第六条　幼児期にあるすべての子どもは、そ

第七条（社会教育）　家庭教育及び勤労の場所その他社会において行われる教育は、国及び地方公共団体によつて奨励されなければならない。

②　国及び地方公共団体は、図書館、博物館、公民館等の施設の設置、学校の施設の利用その他適当な方法によつて教育の目的の実現に努めなければならない。

格形成の基礎を培う重要なものであることにかんがみ、国及び地方公共団体は、幼児の健やかな成長に資する良好な環境の整備その他適当な方法によって、その振興に努めなければならない。

（社会教育）

第十二条　個人の要望や社会の要請にこたえ、社会において行われる教育は、国及び地方公共団体によって奨励されなければならない。

2　国及び地方公共団体は、図書館、博物館、公民館その他の社会教育施設の設置、学校の施設の利用、学習の機会及び情報の提供その他の適当な方法によって社会教育の振興に努めなければならない。

（学校、家庭及び地域住民等の相互の連携協力）…（新設）

第十三条　学校、家庭及び地域住民その他の関係者は、教育におけるそれぞれの役割と責任を自覚するとともに、相互の連携及び協力に努めるものとする。

の発達段階及びそれぞれの状況に応じて、適切かつ最善な教育を受ける権利を有する。

2　国及び地方公共団体は、幼児期の子どもに対する無償教育の漸進的な導入に努めなければならない。

（生涯学習及び社会教育）

第十二条　国及び地方公共団体は、国民が生涯を通じて、あらゆる機会に、あらゆる場所において、多様な学習機会を享受できるよう、社会教育の充実に努めなければならない。

2　国及び地方公共団体が行う社会教育の充実は、図書館、博物館、公民館等の施設と機能の整備その他適当な方法によって、図られるものとする。

（地域における教育）

第十一条　地域における教育においては、地域住民の自発的取組が尊重され、多くの人々が、学校及び家庭との連携のもとに、その担い手になることが期待され、そのことを奨励されるものとする。

（特別な状況に応じた教育）

第十三条　障がいを有する子どもは、その尊

第八条（政治教育）　良識ある公民たるに必要な政治的教養は、教育上これを尊重しなければならない。 ②　法律に定める学校は、特定の政党を支持し、又はこれに反対するための政治教育その他政治的活動をしてはならない。 第九条（宗教教育）　宗教に関する寛容の態度及び宗教の社会生活における地位は、教育上これを尊重しなければならない。 ②　国及び地方公共団体が設置する学校は、	（政治教育） 第十四条　良識ある公民として必要な政治的教養は、教育上尊重されなければならない。 2　法律に定める学校は、特定の政党を支持し、又はこれに反対するための政治教育その他政治的活動をしてはならない。 （宗教教育） 第十五条　宗教に関する寛容の態度、宗教に関する一般的な教養及び宗教の社会生活における地位は、教育上尊重されなければならない。	厳が確保され、共に学ぶ機会の確保に配慮されつつ自立や社会参加が促進され、適切な生活を享受するため、特別の養護及び教育を受ける権利を有する。国及び地方公共団体は、障がい、発達状況、就学状況等、それぞれの子どもの状況に応じて、適切かつ最善な支援を講じなければならない。 （職業教育） 第十四条　何人も、学校教育と社会教育を通じて、勤労の尊さを学び、職業に対する素養と能力を修得するための職業教育を受ける権利を有する。国及び地方公共団体は、職業教育の振興に努めなければならない。 （政治教育） 第十五条　国政及び地方自治に参画する良識ある真の主権者としての自覚と態度を養うことは、教育上尊重されなければならない。 2　法律に定める学校は、特定の政党を支持し、又はこれに反対するための政治教育その他政治的活動をしてはならない。 （生命及び宗教に関する教育） 第十六条　生の意義と死の意味を考察し、生命あるすべてのものを尊ぶ態度を養うことは、教育上尊重されなければならない。 2　宗教的な伝統や文化に関する基本的知識

特定の宗教のための宗教教育その他宗教的活動をしてはならない。

第十条（教育行政）　教育は、不当な支配に

2　国及び地方公共団体が設置する学校は、特定の宗教のための宗教教育その他宗教的活動をしてはならない。

第三章　教育行政

（教育行政）

第十六条　教育は、不当な支配に服すること

の修得及び宗教の意義の理解は、教育上重視されなければならない。

3　宗教的感性の涵養及び宗教に関する寛容の態度を養うことは、教育上尊重されなければならない。

4　国、地方公共団体及びそれらが設置する学校は、特定の宗教の信仰を奨励し、又はこれに反対するための宗教教育その他宗教的活動をしてはならない。

（情報文化社会に関する教育）

第十七条　すべての児童及び生徒は、インターネット等を利用した仮想情報空間におけるコミュニケーションの可能性、限界及び問題について、的確に理解し、適切な人間関係を構築する態度と素養を修得するよう奨励されるものとする。

2　すべての児童及び生徒は、文化的素養を醸成し、他者との対話、交流及び協働を促進する基礎となる国語力を身につけるための適切かつ最善な教育の機会を得られるよう奨励されるものとする。

3　すべての児童及び生徒は、その健やかな成長に有害な情報から保護されるよう配慮されるものとする。

（教育行政）

第十八条　教育行政は、民主的な運営を旨と

服することなく、国民全体に対し直接に責任を負つて行われるべきものである。

② 教育行政は、この自覚のもとに、教育の目的を遂行するに必要な諸条件の整備確立を目標として行われなければならない。

なく、この法律及び他の法律の定めるところにより行われるべきものであり、教育行政は、国と地方公共団体との適切な役割分担及び相互の協力の下、公正かつ適正に行われなければならない。

2 国は、全国的な教育の機会均等と教育水準の維持向上を図るため、教育に関する施策を総合的に策定し、実施しなければならない。…（新設）

3 地方公共団体は、その地域における教育の振興を図るため、その実情に応じた教育に関する施策を策定し、実施しなければならない。…（新設）

4 国及び地方公共団体は、教育が円滑かつ継続的に実施されるよう、必要な財政上の措置を講じなければならない。…（新設）

（教育振興基本計画）…（新設）

第十七条 政府は、教育の振興に関する施策の総合的かつ計画的な推進を図るため、教育の振興に関する施策についての基本的な方針及び講ずべき施策その他必要な事項について、基本的な計画を定め、これを国会に報告するとともに、公表しなければならない。

2 地方公共団体は、前項の計画を参酌し、その地域の実情に応じ、当該地方公共団体における教育の振興のための施策に関する

して行われなければならない。

2 地方公共団体が行う教育行政は、その施策に民意を反映させるものとし、その長が行わなければならない。

3 地方公共団体は、教育行政の向上に資するよう、教育行政に関する民主的な組織を整備するものとする。

4 地方公共団体が設置する学校は、保護者、地域住民、学校関係者、教育専門家等が参画する学校理事会を設置し、主体的・自律的運営を行うものとする。

（教育の振興に関する計画）

第十九条 政府は、国会の承認を得て、教育の振興に関する基本的な計画を定めるとともに、これを公表しなければならない。

2 前項の計画には、我が国の国内総生産に対する教育に関する国の財政支出の比率を指標として、教育に関する国の予算の確保及び充実の目標が盛り込まれるものとする。

3 政府は、第一項の計画の実施状況に関し、毎年、国会に報告するとともに、これを公

第十一条（補則）　この法律に掲げる諸条項を実施するために必要がある場合には、適当な法令が制定されなければならない。

基本的な計画を定めるよう努めなければならない。

第四章　法令の制定

第十八条　この法律に規定する諸条項を実施するため、必要な法令が制定されなければならない。

附則

（施行期日）

1　この法律は、公布の日から施行する。

（社会教育法等の一部改正）

2　次に掲げる法律の規定中「教育基本法（昭和二十二年法律第二十五号）」を「教育基

表しなければならない。

4　地方公共団体は、その議会の承認を得て、その実情に応じ、地域の教育の振興に関する具体的な計画を定めるとともに、これを公表しなければならない。

5　前項の計画には、教育に関する当該地方公共団体の予算の確保及び充実の目標が盛り込まれるものとする。

6　地方公共団体の長は、第四項の計画の実施状況に関し、毎年、その議会に報告するとともに、これを公表しなければならない。

（予算の確保）

第二十条　政府及び地方公共団体は、前条第一項又は第四項の計画の実施に必要な予算を安定的に確保しなければならない。

（法令の制定）

第二十一条　この法律に規定する諸条項を実施するため、必要な法令が制定されなければならない。

附則

（施行期日）

第一条　この法律は、公布の日から施行する。ただし、第十八条第二項から第四項までの規定は、別に法律で定める日から施行する。

（教育基本法の廃止）

本法（平成十八年法律第　　号）」に改める。
（以下略）

第二条　教育基本法（昭和二十二年法律第二十五号）は、廃止する。
（社会教育法等の一部改正）
第三条　次に掲げる法律の規定中「教育基本法（昭和二十二年法律第二十五号）」を「日本国教育基本法（平成十八年法律第　号）」に改める。（以下略）

作成者：大橋　基博（名古屋造形短期大学）

衆議院本会議（第一六四回・通常国会）・教育基本法に関する特別委員会　会議一覧

日付	会議名	会議録	内容
二〇〇六年五月一一日	衆議院本会議	第二九号	教育基本法特別委員会の設置
二〇〇六年五月一一日	教育基本法特別委員会	第一号	委員長・理事の選出
二〇〇六年五月一六日	衆議院本会議	第三〇号	政府案提案趣旨説明・代表質問
二〇〇六年五月一六日	教育基本法特別委員会	第二号	政府案趣旨説明
二〇〇六年五月二四日	教育基本法特別委員会	第三号	民主党案趣旨説明、一般質疑
二〇〇六年五月二六日	教育基本法特別委員会	第四号	政府案・民主党案、一般質疑
二〇〇六年五月三〇日	教育基本法特別委員会	第五号	参考人質疑（鳥居泰彦・門川大作・櫻井よしこ・市川昭午）
二〇〇六年五月三一日	教育基本法特別委員会	第六号	一般質疑
二〇〇六年六月一日	教育基本法特別委員会	第七号	一般質疑
二〇〇六年六月二日	教育基本法特別委員会	第八号	一般質疑
二〇〇六年六月五日	教育基本法特別委員会	第九号	一般質疑
二〇〇六年六月六日	教育基本法特別委員会	第一〇号	参考人質疑（田村哲夫・梶田叡一・西澤潤一・渡久山長輝）
二〇〇六年六月七日	教育基本法特別委員会	第一一号	参考人質疑（見城美枝子・池田佳隆・中嶋嶺雄・堀尾輝久）
二〇〇六年六月八日	教育基本法特別委員会	第一二号	一般質疑
二〇〇六年六月一五日	教育基本法特別委員会	第一三号	閉会中審査の件など

教育基本法に関する特別委員会　委員名簿

	名前	所属		名前	所属
1	森山眞弓（委員長）	（自民）	24	西銘恒三郎	（自民）
2	岩永峯一（理事）	（自民）	25	鳩山邦夫	（自民）
3	小渕優子（理事）	（自民）	26	松浪健四郎	（自民）
4	河村建夫（理事）	（自民）	27	松野博一	（自民）
5	田中和徳（理事）	（自民）	28	森喜朗	（自民）
6	町村信孝（理事）	（自民）	29	やまぎわ大志郎	（自民）
7	大畠章宏（理事）	（民主）	30	若宮健嗣	（自民）
8	牧義夫（理事）	（民主）	31	奥村展三	（民主）
9	池坊保子（理事）	（公明）	32	中井洽	（民主）
10	稲田朋美	（自民）	33	西村智奈美	（民主）
11	岩屋毅	（自民）	34	羽田孜	（民主）
12	臼井日出男	（自民）	35	藤村修	（民主）
13	遠藤利明	（自民）	36	松本大輔	（民主）
14	小此木八郎	（自民）	37	山口壯	（民主）
15	大前繁雄	（自民）	38	横光克彦	（民主）
16	海部俊樹	（自民）	39	笠浩史	（民主）
17	北村誠吾	（自民）	40	太田昭宏	（公明）
18	小島敏男	（自民）	41	斉藤鉄夫	（公明）
19	小杉隆	（自民）	42	石井郁子	（共産）
20	島村宜伸	（自民）	43	保坂展人	（社民）
21	下村博文	（自民）	44	糸川正晃	（国民）
22	戸井田とおる	（自民）	45	保利耕輔	（無所属）
23	中山成彬	（自民）			

教育基本法に盛り込むべき項目と内容について（最終報告）

与党教育基本法改正に関する協議会（平成一八年四月一三日）

教育基本法改正については、平成十二年十二月の教育改革国民会議報告における提言を受け、中央教育審議会において議論が行われ、平成十五年三月二十日には、答申がなされた。

与党においては、教育基本法の重要性にかんがみ、同年五月十二日に「与党教育基本法に関する協議会」を発足させ、六月十二日には、協議会の下に「与党教育基本法に関する検討会」を設置した。

以来、検討会においては、中央教育審議会の答申を踏まえ、通算七〇回にわたり精力的な議論を積み重ねてきたところである。検討にあたっては、次の四点を前提としてきた。

①　教育基本法の改正法案は、議員立法ではなく、政府提出法案であること

②　改正方式については、一部改正ではなく、全部改正によること

③　教育基本法は、教育の基本的な理念を示すものであって、具体的な内容については他の法令に委ねること

④　簡潔明瞭で、格調高い法律を目指すこと

このたび、教育基本法に盛り込むべき項目と内容について、与党協議会としての最終的な結論を得て、別添のとおり取りまとめたので、報告するものである。

政府においては、本報告を踏まえ、教育基本法改正法案を速やかに取りまとめ、国会に提出するよう要請するものである。

（別添）

教育基本法に盛り込むべき項目と内容

前文

○　我々日本国民は、たゆまぬ努力によって築いてきた民主的で文化的な国家をさらに発展させるとともに、世界の平和と人類の福祉の向上に貢献することを願うこと。

○　この理想を実現するため、個人の尊厳を重んじ、真理と正義を希求し、公共の精神を尊び、豊かな人間性と創造性を備えた人間の育成を期するとともに、伝統を継承し、新しい文化の創造を目指す教育を推進すること。

○　日本国憲法の精神にのっとり、我が国の未来を切り拓く

教育の基本を確立し、その振興を図るため、この法律を制定すること。

一　教育の目的

教育は、人格の完成を目指し、平和で民主的な国家及び社会の形成者として必要な資質を備えた、心身ともに健康な国民の育成を期して行われなければならないこと。

二　教育の目標

教育は、その目的を実現するため、学問の自由を尊重しつつ、次に掲げる目標を達成するよう行われるものとすること。

一　幅広い知識と教養を身に付け、真理を求める態度を養い、豊かな情操と道徳心を培うとともに、健やかな身体をはぐくむこと。

二　個人の価値を尊重して、その能力を伸ばし、創造性をはぐくみ、自主及び自律の精神を養うとともに、職業及び生活との関連を重視し、勤労を重んずる態度を養うこと。

三　正義と責任、男女の平等、自他の敬愛と協力を重んずるとともに、公共の精神に基づき、主体的に社会の形成に参画し、その発展に寄与する態度を養うこと。

四　生命を尊び、自然を大切にし、環境の保全に寄与する態度を養うこと。

五　伝統と文化を尊重し、それらをはぐくんできた我が国と郷土を愛するとともに、他国を尊重し、国際社会の平和と発展に寄与する態度を養うこと。

三　生涯学習の理念

国民一人一人が、自己の人格を磨き、豊かな人生を送ることができるよう、その生涯にわたって、あらゆる機会に、あらゆる場所において学習することができ、その成果を適切に生かすことのできる社会の実現が図られなければならないこと。

四　教育の機会均等

(1) すべて国民は、ひとしく、その能力に応じた教育を受ける機会を与えられなければならず、人種、信条、性別、社会的身分、経済的地位又は門地によって、教育上差別されないこと。

(2) 国及び地方公共団体は、障害のある者が、その障害の状態に応じ、十分な教育が受けられるよう、教育上必要な支援を講じなければならないこと。

(3) 国及び地方公共団体は、能力があるにもかかわらず、経済的理由によって修学が困難な者に対して、奨学の措置を講じなければならないこと。

五　義務教育

(1) 国民は、その保護する子に、別に法律で定めるところにより、普通教育を受けさせる義務を負うこと。

(2) 前項の普通教育は、個人の能力を伸ばし、社会において自立的に生きる基礎を培い、また、国家及び社会の形成者として必要な資質を養うことを目的として行われるものとすること。

(3) 国及び地方公共団体は、義務教育の機会を保障し、その水準を確保するため、適切な役割分担及び相互の協力の下、その実施に責任を負うこと。

(4) 国又は地方公共団体の設置する学校における義務教育については、授業料を徴収しないこと。

六 **学校教育**

(1) 法律に定める学校は、公の性質を有するものであって、国、地方公共団体及び法律に定める法人のみが、これを設置することができること。

(2) 前項の学校においては、教育の目標が達成されるよう、教育を受ける者の心身の発達に応じて、体系的な教育が組織的に行われなければならないこと。この場合において、教育を受ける者が、学校生活を営む上で必要な規律を重んずるとともに、自ら進んで学習に取り組む意欲を高めることを重視して行われなければならないこと。

七 **大学**

大学は、学術の中心として、高い教養と専門的能力を培うとともに、深く真理を探究して新たな知見を創造し、これらの教育及び研究の成果を広く社会に提供することにより、その発展に寄与するものとすること。このためには、自主性、自律性その他の大学における教育及び研究の特性は尊重されなければならないこと。

八 **私立学校**

私立学校の有する公の性質及び学校教育において果たす重要な役割にかんがみ、国及び地方公共団体は、その自主性を尊重しつつ、助成その他の適当な方法により私立学校教育の振興に努めなければならないこと。

九 **教員**

法律に定める学校の教員は、自己の崇高な使命を深く自覚し、絶えず研究と修養に励み、その職責の遂行に努めなければならないこと。このためには、教員の身分は尊重され、その待遇の適正が期せられるとともに、養成と研修の充実が図られなければならないこと。

十 **家庭教育**

(1) 父母その他の保護者は、子の教育について第一義的責任を有するものであって、生活のために必要な習慣を身に付けさせるとともに、自立心を育成し、心身の調和のとれた発達を図るよう努めるものとすること。

(2) 国及び地方公共団体は、家庭教育の自主性を尊重しつつ、保護者に対する学習の機会及び情報の提供その他家庭教育を支援するために必要な施策を講ずるよう努めなければならないこと。

十一 **幼児期の教育**

幼児期の教育は、生涯にわたる人格形成の基礎を培う重要なものであることにかんがみ、国及び地方公共団体は、幼児の健やかな成長に資する良好な環境の整備その他適当な方法によって、その振興に努めなければならないこと。

十二　社会教育

(1) 個人や社会の多様な学習に対する要望にこたえ、社会において青少年及び成人等に対して行われる教育は、国及び地方公共団体によって奨励されなければならないこと。

(2) 国及び地方公共団体は、社会教育に関する施設の設置、学校等の施設の利用、学習の機会及び情報の提供その他の適当な方法によって社会教育の振興に努めなければならないこと。

十三　学校、家庭及び地域住民等の相互の連携協力

学校、家庭及び地域住民その他の関係者は、教育におけるそれぞれの役割と責任を自覚するとともに、相互の連携及び協力に努めるものとすること。

十四　政治教育

(1) 良識ある公民として必要な政治的教養は、教育において尊重されなければならないこと。

(2) 法律に定める学校は、特定の政党を支持し、又はこれに反対するための政治教育その他政治的活動をしてはならないこと。

十五　宗教教育

(1) 宗教に関する寛容の態度及び宗教に関する一般的な教養並びに宗教の社会生活における地位は、教育において尊重されなければならないこと。

(2) 国及び地方公共団体が設置する学校は、特定の宗教のための宗教教育その他宗教的活動をしてはならないこと。

十六　教育行政

(1) 教育は、不当な支配に服することなく、この法律及び他の法律の定めるところにより行われるべきものであり、教育行政は、国と地方公共団体との適切な役割分担及び相互の協力の下、公正かつ適正に行われなければならないこと。

(2) 国は、全国的な教育の機会均等と教育水準の維持向上を図るため、教育に関する施策を総合的に策定し、実施しなければならないこと。

(3) 地方公共団体は、当該地域における教育の振興を図るため、その実情に応じた教育に関する施策を策定し、実施しなければならないこと。

(4) 国及び地方公共団体は、教育が円滑かつ継続的に実施されるよう、必要な財政上の措置を講じなければならないこと。

十七　教育振興基本計画

(1) 政府は、教育の振興に関する施策の総合的かつ計画的な推進を図るため、教育の振興に関する施策についての基本的な方針及び講ずべき施策その他必要な事項について、基本的な計画を定め、これを国会に報告するとともに、公表しなければならないこと。

(2) 地方公共団体は、前項の計画を参酌し、当該地方公共団体の実情に応じ、当該地方公共団体における教育の振興のための施策に関する基本的な計画を定めるよう努めなければならないこと。

十八　補則

この法律に掲げる諸条項を実施するため、必要な法令が制定されなければならないこと。

2 新聞社説一覧

A　全国紙

○与党協議会最終報告に関する社説

産経新聞　（〇六・四・七）　「教育基本法改正　自民は主導権を取り戻せ」
読売新聞　（〇六・四・一三）　「教育基本法改正　区切りがついた「愛国心」論争」
朝日新聞　（〇六・四・一四）　「教育基本法　「愛国」を教える難しさ」
産経新聞　（〇六・四・一四）　「教育基本法改正　「愛国心」はもっと素直に」
毎日新聞　（〇六・四・一四）　「教育基本法改正　「愛国心」の本音がちらつく」

○政府法案に関する社説

朝日新聞　（〇六・四・二九）　「教育基本法　「愛国」をゆがめないか」
日本経済新聞　（〇六・四・二九）　「教育基本法改正が問うもの」
読売新聞　（〇六・四・二九）　「教育基本法改正　民主党も意見集約を急いでは」
毎日新聞　（〇六・四・三〇）　「教育基本法改正　各党の本音を聞きたい」

○国会審議に関する社説

産経新聞　（〇六・五・一六）　「教育基本法　民主案もいいではないか」
読売新聞　（〇六・五・一六）　「民主「教育」対案　政府案との妥協点を探るべきだ」
毎日新聞　（〇六・五・一七）　「教育基本法改正　必要性と緊急性が伝わらない」
読売新聞　（〇六・五・二六）　「教育基本法改正　共通点が多い政府案と民主党案」
産経新聞　（〇六・五・二八）　「教育基本法改正　「愛国心」は明記すべきだ」
産経新聞　（〇六・六・一二）　「教育基本法改正　民主党の対応は不可解だ」

Ｂ　地方紙

○与党協議会最終報告に関する社説

河北新報　（〇六・四・一三）「教育基本法改正　幅広く国民の意見を聞いて」
愛媛新聞　（〇六・四・一四）「教育基本法改正案　内心を縛る懸念はぬぐえない」
京都新聞　（〇六・四・一四）「教育基本法改正　文章いじりに終始した」
高知新聞　（〇六・四・一四）「教基法改正　荒廃は解決できない」
神戸新聞　（〇六・四・一四）「教育基本法　改正への理解得られるか」
山陽新聞　（〇六・四・一四）「教育基本法改正　将来に禍根残さぬ議論を」
信濃毎日新聞　（〇六・四・一四）「教育基本法　なぜ今、愛国心なのか」
中国新聞　（〇六・四・一四）「教育基本法改正案　なぜそんなに急ぐのか」
東奥日報　（〇六・四・一四）「教育基本法改正　愛国心は強制できるか」
東京新聞・中日新聞　（〇六・四・一四）「教育基本法　あわてる必要はない」
新潟日報　（〇六・四・一四）「教育基本法　改正の理念が見えない」
北海道新聞　（〇六・四・一四）「教育基本法　「愛国心」強制を恐れる」
琉球新報　（〇六・四・一四）「教育基本法改正案　愛国は強制するものでない」
岐阜新聞　（〇六・四・一五）「教育基本法改正　「愛」は強制できるのか」
熊本日日新聞　（〇六・四・一五）「教育基本法改正　「愛国」命じれば心育つのか」
宮崎日日新聞　（〇六・四・一五）「教育基本法改正案　愛国は強制して生まれるのか」
北國新聞　（〇六・四・一六）「教育基本法改正　「郷土愛」をはぐくんでこそ」
徳島新聞　（〇六・四・一六）「教育基本法改正案　論議がもっと必要だ」

○政府法案に関する社説

信濃毎日新聞　（〇六・四・二八）「教育基本法　改正を急ぐべきでない」
琉球新報　（〇六・四・二九）「教育基本法　改正急ぐ状況ではない／理念を生かす施策こそ必要」
沖縄タイムス　（〇六・四・三〇）「教育基本法改正案　国民の疑問に応えよ」
京都新聞　（〇六・四・三〇）「教育基本法改正　将来像の明確な説明を」
神奈川新聞　（〇六・五・一）「教育基本法改正　愛国心は強制するものか」
北海道新聞　（〇六・五・七）「教育基本法　拙速審議は禍根を残す」

河北新報　（〇六・五・一二）「教育基本法改正案　拙速な審議は避けるべきだ」

○国会審議に関する社説

京都新聞　（〇六・五・一七）「教育基本法審議　気になる「強制」「便乗」」
信濃毎日新聞　（〇六・五・一七）「教育基本法　改正論議の行方が心配だ」
東京新聞・中日新聞　（〇六・五・一七）「教育基本法　じっくり議論を深めて」
新潟日報　（〇六・五・一七）「教基法改正案　「大計」は時間をかけて」
北海道新聞　（〇六・五・一七）「教育基本法　民主党案も納得できぬ」
岐阜新聞　（〇六・五・一九）「教育基本法改正案　実態踏まえ丁寧な審議を」
中国新聞　（〇六・五・一九）「教育基本法改正案　強行採決避ける道探れ」
北日本新聞　（〇六・五・一九）「教育基本法　変えれば良くなるのか」
宮崎日日新聞　（〇六・五・一九）「教育基本法改正案　実態踏まえた丁寧な審議を」
沖縄タイムス　（〇六・五・二〇）「教育基本法改正案　愛国心強制する結果招く」
日本海新聞　（〇六・五・二一）「教育基本法　実態踏まえ丁寧な審議を」
愛媛新聞　（〇六・五・二五）「教育基本法改正案　拙速の審議は避けるべきだ」
西日本新聞　（〇六・五・二五）「教育基本法改正　急ぐ理由が理解できない」
信濃毎日新聞　（〇六・〇六・二）「教育基本法　改正案は廃案にせよ」

C　**補・政党機関紙**

しんぶん赤旗　（〇六・四・一六）「教育基本法与党合意　国が教育しばること許さない」
社会新報　（〇六・四・二六）「教育基本法改正案　内心の自由侵す『国を愛する態度』」
しんぶん赤旗　（〇六・四・二九）「教育基本法改定案　愛国心入れるよこしまな狙い」
公明新聞　（〇六・五・二）「21世紀拓く教育基本法に　国会提出、実りある議論を期待」
社会新報　（〇六・五・一七）「教育基本法改悪　国家のための教育へ一八〇度転換」
しんぶん赤旗　（〇六・五・二五）「教育基本法改悪　現場荒廃させる危険がみえた」

3 教育学関連学会の声明

教育基本法案の廃案を求める声明

（二〇〇六年五月二十七日）

日本教育法学会 会長
伊藤 進（明治大学名誉教授・駿河台大学法科大学院教授）

政府は、今国会に教育基本法案を提出した。本法案は、現行教育基本法を全面改正することにより、実質的に現行法を廃棄し、これとは全く異質な新法に置き換えるものとなっている。そこには、以下のように看過することのできない重大な問題点が含まれている。

第一に、国民一人ひとりの自主的・自律的な人格形成の営みを保障している現行法を、国家による教育の権力的統制を正当化する法へと転換させている点である。教育の自主性を保障する現行一〇条一項を、「教育は、……この法律及び他の法律に定めるところにより行われるべきもの」と変えた法案一六条一項には、法律の力によって教育を統制しようとする志向が明瞭にあらわれている。

第二に、「愛国心」や「公共心」をはじめとする多くの徳目を「教育の目標」（法案二条）として掲げ、「態度を養う」という文言を介して、道徳規範を強制的に内面化させる仕組みを導入したことである。法案二条の主要部分は告示にすぎない学習指導要領の「道徳」の部分を法律規定に〝格上げ〟することにより、道徳律に強制力を与えるものであるが、これは思想及び良心の自由を保障する憲法一九条に明らかに抵触する。

第三に、教育に関する「総合的な」施策の策定・実施権限を国に与え（法案一六条二項）、政府に「教育振興基本計画」の策定権限を与えることにより（法案一七条）、国が教育内容の国家基準を設定し、その達成度の評価とそれに基づく財政配分を通して、教育内容を統制する仕組みを盛り込んだ点である。この仕組みにより、すでに進行している競争主義的な格差容認の教育「改革」がますます加速することになる。

今回の法案は、国民的な議論を経ることなく、密室で作成された。提案に際して、現行法を改正しなければならないことの説得的な理由は何ら示されていない。憲法と一体のものとして教育のあるべき姿を定めた《教育の憲法》を改変するには、あまりにもずさんな手続といわなければならない。

政府案に対して提出された民主党の「日本国教育基本法案」は、政府案と同様の問題点を含んでおり、また法案として一貫性・体系性を欠いている。

日本教育法学会は、一九七〇年の学会創設以来、教育の自由を研究の主軸に据えてきた。また、教育基本法改正問題が現実の政治日程にのぼってきた二〇〇一年以降は、特別の研究組織を設けてこの問題に取り組んできた。この研究の成果を踏まえ、本学会会長として、内容的にも手続的にも多くの問題をはらむ政府法案はもとより、民主党対案についても、その速やかな廃案を強く求めるものである。

教育基本法改正継続審議に向けての見解と要望

発起人・日本教育学会歴代会長

大田　堯（都留文科大学元学長、東京大学名誉教授）
堀尾　輝久（東京大学名誉教授）
寺﨑　昌男（東京大学名誉教授、桜美林大学名誉教授）
佐藤　学（東京大学教授）

賛同人・日本教育学会歴代事務局長

中野　光（中央大学名誉教授）
稲垣　忠彦（東京大学名誉教授）
桑原　敏明（筑波大学名誉教授）
浦野東洋一（東京大学名誉教授）
天野　正治（筑波大学名誉教授）
市川　博（横浜国立大学名誉教授）
乾　彰夫（首都大学東京教授）

政府は今年四月二十八日、国会に教育基本法改正案を提出し、他方、民主党も日本国教育基本法案を提出し、衆議院特別委員会で審議が行われたが、審議未了により秋の国会で継続審議が行われることになった。

この審議に鑑みつつ、私どもは、改正問題に関する本見解を纏め、ここに意見書として委員各位に送呈する。来るべき特別委員会における論議においてもぜひご考慮願いたいと考える。それとともに私どもは、広く父母・市民・教師・学生等々に対しても、教育学専門家がどのように考えているかについて理解を得ることができればと願っている。

1　政府案は現行法の全面改正案であり、民主党案は、現行法を廃止し新法として提案された。いずれの案も、なぜいま改正の必要があるのか、しかも全面改正が不可欠なのか、その立法事実は不明確であり、提案理由は説得力を欠いている。新法あるいはそれに等しい全面改正ならば、廃止理由も含めて、立法事実にはより丁寧な理由説明が必要である。今後継続審議に充分に時間をかけ丁寧な審議がなされるならば、現行法に仮に限界や問題があるとしても運用によって解決される事柄は何か、改正によって事態はさらに悪化するのではないかといった問題点も明らかになるであろう。しかし既往の審議を見る限り、このような配慮をうかがうことはできない。世論の一部にある「教育基本法を変えなければできない教育改革があるのか」といった素朴かつ正当な疑問に対して、明確な説明がなされているとは見られない。

2　政府の改正理由には、改正が憲法改正と一体のものであることは明言されず、それゆえに立法理由はいっそう不鮮明なものとなった。しかし、教育基本法改正論の歴史をたどれば、それが憲法改正を先取りしての改正という位置を占めて来たことは明白である。今回わずかに残された「憲法の精神にのっとり」という文言はそのことを糊塗したものに過ぎないと判断される。さらに、改正の要点は、後述するように現憲法の精神に反するところがあまりに多い。他方、民主党案は、憲法改正とワンセットの教育基本法改正であり、それだけに「憲法改正に先んじての現行法廃止・新法提出」という手続き自体、明白な自己矛盾を犯している。

3　特別委員会では、教育を含む戦後の諸改革が占領下に押しつけられたものであるにもかかわらず、未だにそれに引きずられているのは「敗戦後遺症」であるという言葉すら出された。また、それと重ねて、教育勅語の賛美や「国体」美化の発言も繰り返しなされた。これらは教育基本法の成立を含めて戦後教育成立過程の歴史事実を歪曲しているだけではない。占領下に日本の真の独立を願い、人間性開花のための教育という営みを通じて、国民の知性と文化の創造に期待した先人たちの努力を無視した議論である。軽薄な判断によって戦前教育を無媒介に戦後に連ねることは許されない。戦後教育改革に関する教育史研究の成果に対して真摯な学習が行われることを期待する。

4　両法案ともに、法律に規定して行く際に抑制すべき諸点（前文、教育の目的、目標、新設の家庭教育など）についての自覚がない。必要なことはすべて法に規定し、しかも教育は法に従うべきこと（政府案新設一六条）を強調している。また、教育は政治から自立していなければならず、法はそのための限界を定めるもので、教育への不当な支配をチェックするのが基本法なのだという現行法の精神（これは憲法の精神でもある）からも逸脱している。国家と教育、教育と「伝統」の関係をめぐる最近の論調に照らせば、以上のような改正が行われるならば、法によって国家道徳を定め、教育でこれを実施し、目標達成へ向けて学校と教職員評価を行うという事態が生まれるのではないかと危惧される。

また、政府案新設の一七条（「教育振興基本計画」）は、新法を政府の教育基本計画の立案・実施・予算配分の根拠法としようとしているものであり、現行法はもちろん、憲法の精神（第一三条、一九条、二三条、二六条）に反するものである。しかも教育振興基本計画は国会に報告すればよしとされており、政府・行政官庁の恣意的政策も合法化される。競争と評価を軸とする管理主義的教育に拍車がかかる恐れが充分に予想される。条件整備およびそのための長期計画はもちろん行われるべきである。ただし、そのためには、現行法第一一条の趣旨に基づいて、新たな立法がなされればよい筈である。

5　私どもはまた両法案に示されている教育観に大きな疑問を感じざるを得ない。

教育は本来、子どもの人間としての成長発達とそれに不可欠な生活と学びの権利の保障を任務とするものであり、「はじめに国家の統治作用としての教育ありき」ではないはずである。その点、民主党案の学習権規定には積極的な意義が認められる。しかし、発達する権利・学習する権利を子ども・青年・成人の権利の中核とみる観点からすれば、同法案の前文や第一条の教育理念・目的の規定とは矛盾してこよう。すなわち「学習権」という文言は記されているものの、その内容は、国家による道徳教育（愛国心教育を含む）を学ぶに過ぎないことになるのではないだろうか。国あるいは政府は、すべての子ども・青年・成人の成長発達の権利と学習の権利を保障するための条件整備にこそ積極的な役割を果たすべきであって、「道徳の教師」になるべきではない。

6 国会で教育が本格的に議論されるのは貴重なことである。しかしそれは直ちに教育の憲法ともいうべき教育基本法の改正につながるものではない。

現在提出されている二法案はいずれも廃案とし、引き続き教育問題を広く人々の論議にゆだねつつ、現行法の精神をより豊かに発展させることをねがうものである。

7 以上のことを前提にした上で、なお将来、現行法の「改正」が必要であるという国民的合意が形成されるような事態が生まれるとすれば、論議に当たって、以下の諸点に関して特段の配慮が不可欠である。

8 法律にどこまで理念や目的を規定できるかについては、現行法の成立過程においても論議され、「それはお説教ではないか」という厳しい意見もあった。政府は法の限界を自覚し、抑制的に、しかし教育が戦争に奉仕したという事実の反省をふまえ、国際的な動向の中でこれ以上は譲れないという普遍的な原理・目的に限定し教育と学校の制度原理を示し、あとは子どもと教育にかかわる人々の子育てと教育への自由な取り組みを保障すること、政治および教育行政のなすべきことは教育の条件整備に限られるべきことを法定したのであった（前文、第一、二、三、四、一〇条）。

現行法が六〇年前に作成されたという歴史的限界を持つことも確かである。現行法の教育の目的規定さえ法になじまないとする見解は制定当時にもあった。しかし、仮に発展的・順節的改訂がなされるのであれば、先ずもって上記の法の精神こそが徹底して自覚されるべきである。

9 同時に、制定から今日までの間に、同法はいわば「未完のプロジェクト」として絶えず「再発見」され、その解釈も豊かに発展させられてきた。「能力に応じる」という文言の内容をどのようにとらえるか、「人格の完成」という概念に何を盛り込むか、「教育を受ける権利」（right to receive education）という表現は学習権を軸とする「教育への権利」（right to education）として考え直されるべきではないか、といった解釈が展開されている。これらの解釈深化の基盤には、戦後日本における教育実践の深まりと国際社会における教育理解水準の向上と展開がある。

改正をめぐる論議に際して最も重視されるべきは現在の教育問題の根源を直ちに教育基本法のあり方に求めたり、現代的用語の軽薄な導入に走ったりすることではなく、戦後日本と国際社会における教育実践の成果と理論の蓄積に敬虔に学ぶことである。それは国民的合意形成に向けての第一要件であると言えよう。

10　第二の要件は、基本法の任務は、教育に関する条件整備の原則を明示することにあるという理解である。そしてその原則は、憲法の精神と教育の条理とに基づいて設定されるべきである。

憲法と現行教育基本法が保障している教育の自由と自律性は、単に国家からの自由を意味するものではない。すべての国民に対して、その自由を行使して子育て・教育に関して積極的に発言し、子育て・教育についての合意の水準を高め、父母・住民が参加し、教師と共同して子どもを主人公とする学校づくりを進める自由である。言葉を換えれば、その自由の行使は「現代世代の未来世代への責任」を果たすための積極的な自由としてとらえ直されるべきである、私どもは、以上の理解を「教育の条理」をあらわすものと考え、基本法はもとより、あらゆる教育法はその条理に貫かれていなければならないと判断する。

政府（教育行政）は、法に基づき以上の条理に立つ教育活動・教育実践をこそ励ますべきである。例えば乳幼児期の保育・教育、高等教育、社会教育、生涯学習なども、まさに社会の発展に伴って新たな条件整備が求められる領域であって、今回の政府案が示しているように、既に関連法が存在するのに重複して基本法に盛られればよいという問題ではない。

以上

（二〇〇六年八月二六日）

教育基本法改正に反対します

日本生活指導学会理事会
代表理事　佐々木　光郎
高垣　忠一郎
竹内　常一

秋の国会がはじまります。

この国会で教育基本法に関する政府と民主党の法案が継続審議に付されますが、私たち日本生活指導学会理事会はこれらの法案の撤回又は廃案を求めます。

これら二つの法案はいずれも、なぜいま教育基本法を改正しなければならないかについての説明責任を果たしていません。それに、これらはいずれも教育基本法を改正するというものではなく、これをまるごと廃棄し、たしかな理由もなく「新教育基本法」を制定しようとするものです。

その意味では、いずれも法案提出の条件を満たしていませんし、国民に法改正の理由を明示するものになっていません。つまり、国民的な討論に耐えるものではないということです。それを単純な政治的多数決によって押し切ろうとするのは、文化・教育に固有の自由と自治を認めている現教育基本法の趣旨に反しています。

そればかりではありません。改正案はいずれも以下に述べるような教育への権利にたいする侵害を含んでいます。

その第一は、いずれの法案も憲法とのつながり、とりわけ、その「非武装・平和主義」とのつながりを断ち切るものとなっていることです。

たとえば政府案は「ここに、我々は、日本国憲法の精神にのっとり、我が国の未来を切り拓く教育の基本を確立し」と述べていますが、ここにいわれている「日本国憲法」は現憲法を指すのか、それとも自民党の「新憲法草案」（二〇〇五年十月）を指すのかが明らかでありません。もし後者であるならば、政府改正案はすでに憲法違反の法案だといわざるをえません。

第二は、いずれの改正案も、現教育基本法の第二条「教育の方針」を削除し、それに代えて愛国心をはじめとする具体的な「教育の目標」を定め、これを国民に義務づけるものとなっていることです。

現教育基本法は「教育の目的」を定めながらも、改正案にみられるような「教育の目標」を示していません。現教育基本法は、教育にかかわるすべてのものが第二条の「教育の方針」に示されている「筋道」「方法」にもとづいて自主的に「教育の目的」を達成することを説いています。その筋道とは、「学問の自由の尊重」「実際生活に即すること」「自発的精神を養うこと」「自他の敬愛と協力を広げること」、そして「文化の創造と発展に貢献すること」を要件にして教育の目的を達成していくというものです。だから、それは国家による「教育の目標」の一方的設定を否定しているのです。

ところが、いずれの法案も国民の教育権の行使の仕方を定めている「教育の方針」を削除し、「教育の目標」を具体的に定め、それを国民に義務づけることを通じて国家教育権を確立しようとしています。

第三は、先の国会審議のなかでの愛国心論争において明らかにされたように、「教育の目標」を法的に規定することは、子どもをふくむ国民一人ひとりの思想・信条・良心の自由を侵害することになります。それは、教育関係者の教育実践・教育研究の自由を侵害するだけでなく、子どもの学習の権利、さらには意見表明の自由への権利を侵すものです。

それればかりではありません。いずれの法案も自由権への侵害をつうじて教育を質的に切り下げるだけでなく、教育が教育として存在できないものにする危険性をはらんでいます。ちょうど戦前・戦中の教育が教育の名によって自己破産したように、これらの法案による自由権の侵害は教育をこれまで以上に壊滅的なものにするにちがいありません。

第四は、政府案が義務教育年限を別に定めるとしているところに典型的にみられるように、学校システムの差別的な再編が企てられていることです。その再編は、エリート選抜に焦点化されていると同時に、子どもをはじめとする国民の教育への権利を量・質にわたって切り下げるものとなっています。それればかりか、教育を受ける権利を保障する国家の義務を限定し、教育の市場化を拡張するものとなっています。

その意味では、教育基本法改正を介してすすめられる学校システムの差別的な再編は、新自由主義政策による労働基本権や生存権などの社会的基本権の切り下げとともに、国民の生活と教育を危機におとしいれるにちがいありません。

このように私たち日本生活指導学会理事会は、教育基本法改正に関する政府案ならびに民主党案に以下のような問題があると判断します。

(1) いずれの案も法案提出の条件を満たすものでなく、国民的な討論に開かれているものではないこと。
(2) それらが子どもをはじめとする国民・市民の教育への権利を質的にも量的にも侵害し、切り下げる危険性があること。
(3) それらが平和的生存権、自由権、社会権からなる日本国憲法の基本的人権を侵害する危険性があること。

以上の理由から、私たち日本生活指導学会理事会は政府案並びに民主党案の撤回・廃案を求めます。

二〇〇六年九月一日

教育基本法改正案に対する日本社会教育学会会長の意見

日本社会教育学会会長　佐藤一子
賛同人（歴代六期会長）　朝倉征夫・上杉孝實・小林文人・酒匂一雄・島田修一・千野陽一

はじめに

日本社会教育学会は、社会教育・生涯学習の研究・教育・実践に関心をもつ研究者・職員・市民など約千人が加入している学会です。私たちは、社会教育の研究と実践に専門的に従事している立場から、二〇〇六年四月二八日に提出され、国会で継続審議となっている教育基本法改正案（政府提出）に強い関心をもっています。会長意見の表明についての理事会の承認と意見内容及びその公表についての歴代会長の賛同をえて、会長の立場で以下の論点について意見をのべたいと思います。

戦後直後、教育の専門家、行政関係者たちが高い識見と衆知を集めて教育基本法を制定した過程に思いをはせるとともに、今日の改革論議が党利党略のもとで、広く教育に従事する人々の専門的な見解を排除して進められていることに強い危惧の念をいだきます。

国会および広く社会的な討論の場において、私たちの意見が改正案の問題点を掘り下げる視点として活かされるよう強く要望します。

1　改正をおこなう理由について

日本の教育のあり方の基本原則を定める教育基本法改正であるにもかかわらず、教育基本法の改正案の内容自体があまり国民に知らされておらず、国民的な論議をふまえない拙速な法改正となっていることは誠に遺憾です。教育基本法を全部改正するということは、教育の基本原理の転換が必要ということですが、何から何への原理転換であるのか、また、その転換が必要だとする根拠は何なのでしょうか。納得のいく説明がありません。

教育基本法が古くなった、青少年の問題行動が深刻化している、道徳心が欠如している、などの論議がなされています。しかし、今日の教育の困難、青少年の生き方や成長発達にかかわる困難は、現行の教育基本法が原因なのでしょうか。むしろ教育基本法を活かす施策が十分におこなわれてこなかった点をていねいに検証すべきです。

憲法にうたわれた「世界の平和と人類の福祉に貢献しようとする」理想の実現は、「根本において教育の力にまつべきもの」とのべている教育基本法の前文は、国際社会、とりわけアジアにおける平和国家日本のありかたを示す基本的な規定といえます。これは、グローバル化する国際社会においてますます重要視されるべき見地であると思います。

憲法の精神に則っているこの前文の改訂がなぜ必要なのか。国際的、歴史的認識をふまえた説得的な説明を求めます。

日本国教育基本法案（民主党案）も、新法を制定する根拠の説明が不十分です。いろいろな意見がもりこまれている法案ですが、教育基本法は、いろいろな教育的見解を陳述するような性格のものではなく、できるだけ簡潔に原則を定めるべき性格のものです。
きわめて完成度の高い現行の教育基本法が、なぜ改正されなければならないのか。個別法によって十分対処できるのではないか、改正する理由について納得ができません。

2 第二条（教育の方針）、第七条（社会教育）と改正案第二条（教育の目標）について

教育基本法第二条（教育の方針）では、「教育の目的」は、「あらゆる機会に、あらゆる場所において実現されなければならない」と規定し、教育が学校だけではなくさまざまな社会的な機会においておこなわれることの重要性を提起しています。第二条は制定過程の論議をみても、社会教育の重要性についての認識、さらにはどのような原理に即して社会教育が推進されるべきかについての原則を示している条文であるといえます。

特に、「学問の自由を尊重し」「実際生活に即し、自発的精神を養い」「文化の創造と発展に貢献する」という現行法第二条の文言は、戦前の軍国主義的国家体制のもと、国民に真実が知らされず、教化的な教育がおこなわれてきたことの反省にたって、国民がみずから学ぶことを重視した条項となっています。ユネスコの「成人教育の発展に関する勧告」（一九七六年）の採択を機に国際的にも関心が高まる成人教育について、戦後当初に明文化した先見性のある規定といえます。

さらに、第七条（社会教育）は第二条を受けて、「家庭教育及び勤労の場所その他社会において行われる教育は、国及び地方公共団体によって奨励されなければならない」と規定しています。すなわち、国民が自由に自発的に展開する多様な学習文化活動を国・自治体が奨励し、環境醸成するという趣旨で、国民の学習の自由を国が保障する原理が、第二条と第七条によって一体的に規定されていると理解することができます。

しかし改正案第二条では、二〇に及ぶ徳目を「教育の目標」として法定し、「実際生活に即し、自発的精神を養い」「文化の創造と発展に貢献する」という文言は削除されています。このことは、改正案第十二条に新たに規定されている社会教育も、国家的な教育目標のもとで統制されることを意味しています。

現在、学校現場で具体化されている愛国心に関する通知表の評価では、国の政策をよく理解することが愛国心を示すこと

であるというような国家主義的な考え方が強まっています。社会教育の現場では、多様な価値観をもち、民族や宗教も異なる成人が多元的・多文化的な立場で、相互に批判的に学ぶことができるような学習の自由の保障が何より重視されねばなりません。

第二条（教育の方針）が法定の教育目標を列挙した条項に改正されることによって、学習の自由が制約され、国家的に正統化された価値にもとづく社会教育の推進が強められることになると懸念されます。

3　改正案第三条（生涯学習の理念）の新設について

第二条（教育の目標）を受けて、改正案第三条（生涯学習の理念）が新設されています。ここでは社会教育条項との関連で生涯学習をどう定義するのか、明確な概念規定がなされていません。また、上述したように、第二条で教育の目標を国家的に定め、その規定のもとに「生涯学習の理念」をおくことは、国際的に趨勢となっている「自己主導的な生涯学習」（self-oriented learning）の理念にも反しており、大きな問題です。

現代社会における生涯学習は、テレビで英会話を学ぶなどの私的な行為やカルチャーセンターなどの市場的学習機会の提供をふくむ幅広い学習行為・学習機会として理解されています。一九九〇年に制定された「生涯学習の振興のための施策の推進体制等の整備に関する法律」では、教育政策を超えた市場の学習文化機会に対する産業育成政策的な側面や労働福祉政策的側面もふくめて生涯学習を幅広くとらえています。このように多様で、市場の自由や営利行為までをもふくむ生涯学習について、明確な概念規定や限定をおこなわずに、公教育の法構造のもとに位置づけることは、民間活力にゆだねられている部分もふくめて、生涯学習の自由なとりくみを制約することになると考えます。

4　「勤労の場所」の文言の削除について

現行第七条（社会教育）では、「勤労の場所」という文言によって、勤労者の職場学習、企業のおこなう教育、資格取得などの成人の教育・学習を位置づけています。成人の学習にとってきわめて重要な教育領域を示すこの文言が削除されたのは何故でしょうか。

改正案では第二条「教育目標」の二項に「職業及び生活との関連を重視し、勤労を重んじる態度を養う」という文言がありますが、現行法の「勤労の場所」の規定は、上述した「生涯学習の理念」と同様、国家的教育目標のもとに限定されるものではありません。

勤労者の教育は、現在、フリーターや外国人労働者、女性などにとって切実な課題となっており、学習を権利として保障することが求められている重要な領域でもあります。第七条をさらに現代的に拡充するならば、ＩＬＯ有給教育休暇条約（一九七四年）やユネスコ学習権宣言（一九八五年）などに言及し、生涯にわたる学習の権利の実現という視野が求められていると考えます。

5　改正案第十条（家庭教育）、第十三条（学校、家庭及び地域住民の相互の連携協力）の新設について

家庭教育、父母・住民の学校運営への参加や協力は、現行第七条（社会教育）の範疇に位置づけられ、近年、子育てネットワークや教育ボランティア活動などをつうじて活発にとりくまれている領域です。子育てを個々の家庭内部の営みにとどめず、地域社会で父母・住民が共同でおこなう活動や相互の学びあいの奨励、家庭の子育て困難への支援や父母・住民と学校との協力の促進などが社会教育活動として推進されています。

しかし、改正案で新設されている第十条（家庭教育）では、「父母その他の保護者は、子の教育について第一義的責任を有するものであって、生活のために必要な習慣を身に付けさせるとともに、自立心を育成し、心身の調和のとれた発達を図るよう努めるものとする」という文言で、国が父母・保護者に対して法的に「努力義務」を課しています。

同様に、第十三条（学校、家庭及び地域住民の相互の連携協力）でも「学校、家庭及び地域住民その他の関係者は、教育におけるそれぞれの役割と責任を自覚するとともに、相互の連携及び協力に努めるものとする」として、「努力義務」を課しています。

この二つの条文は、従来、個々の家庭や父母・保護者の考え方の自由をふまえたうえで、社会教育をつうじて社会的活動

を促進・支援するという原理を転換させ、国が直接保護者にたいして自己責任にもとづく努力義務を強制し、しかもその方向を第二条（教育目標）によって国家的に方向付けるという新たな社会的統制をもたらすことになると考えます。今回の教育基本法改正については、特に愛国心をめぐって内心の自由の保障に反するということが重要な論点として指摘されています。社会教育は、すでに述べてきたように、内心の自由にそくした自発的な営みによって成り立っている領域であり、国・自治体は、あくまでもそれを奨励する責任があると規定されています。第十条、第十三条の新設は、こうした社会教育の基本原理について根本的な転換をもたらし、国家統制的な体制づくりをつうじて、社会教育の自由で民主的な発展を妨げることになるといえます。

また、DVや引きこもり、家庭崩壊などの社会的困難が増大している状況にたいして、あるべき規範にそった狭い視野から家庭教育を強調している改正案は、問題を個人責任にゆだね、現状への有効な支援方策を遅らせることになると危惧します。

6　第十条（教育行政）の改訂、第十六条（教育行政）、第十七条（教育振興基本計画）の新設

社会教育法では、「都道府県・市町村に社会教育委員を置くことができる」とされ、その職務として「社会教育に関する諸計画を立案すること」をあげています。公民館・博物館・図書館などの社会教育施設にも運営審議会、運営協議会などの住民参加制度が設けられています。多様で自主的な活動領域を包摂した社会教育計画と施設運営において、住民自治の尊重、民意反映の手続きが制度化されていることは、これからの地方分権の時代においていっそう重視されるべき事柄です。

このような制度の根拠として、第十条一項の「教育は……国民全体に対し直接責任を負つて行われるべきものである」という文言が大きな意義をもってきたといえます。

改正案ではこの十条の文言が削除されています。新設されている第十六条（教育行政）で「国と地方の適切な役割」がいわれていますが、民意の反映については言及がなく、第十七条（教育振興基本計画）で、わずかに「その地域の実情に応じ」という文言がはいっているだけです。このような文脈では、第十六条の「不当な支配に服することなく」という文言についても、国・地方公共団体の教育政策を批判する市民団体・労働団体などが、「不当な支配」をおこなうとみなされる可能性が

あります。民意を尊重した現行法とは逆の原理が表現されていると考えられます。

学習者がみずから地域の教育計画や施設運営にかかわるという参加の原理は、住民と行政との協働の発展が期待される地方分権の時代にますます必要であると思います。改正案は教育基本法がめざしてきた戦後の民主的な教育行政と計画理念を否定しています。「新しい時代の教育理念を明確化する」という提案理由に反して、時代を後退させるものといえます。

以上、六項目にわたって、主要な論点をあげて改正法案の問題点を指摘しました。

教育基本法第二条で教育の社会的なとらえ方が示された背景には、第二次世界大戦・アジア太平洋地域の戦争の惨禍についての痛切な反省があります。平和で民主的な国家、国際社会と共存する国家の構成員として能動的な国民を育成する教育のあり方を示した教育基本法は、古くなったどころか、いまだ道半ばにあるというべきでしょう。こうした教育の理想の実現は学校だけでは達成されないという認識にもとづいて、社会教育を公教育として振興することが規定され、あわせて政治教育を尊重することもうたわれたのです。

私たちは、教育基本法の意義を当時の歴史状況にたちかえって深く認識し、より困難を増している現代社会のなかでそれを活かすことこそが必要であると考えます。

二〇〇六年九月九日

4 諸団体の声明一覧

A　教職員団体等

全日本教職員連盟〈全日教連〉（〇六・四・一八）「教育基本法に盛り込むべき項目と内容について（最終報告）に対する意見」

全国労働組合総連合・坂内三夫事務局長〈全労連〉（〇六・四・二八）「【談話】憲法改悪につながる教育基本法改悪案の国会提出に断固抗議する」

全日本教職員組合中央執行委員会〈全教〉（〇六・四・二八）「【声明】教育基本法改悪法案国会提出に満身の怒りをこめて抗議する――すべての父母・国民、教職員のみなさん、教育基本法改悪法案阻止のために全力をあげましょう――」

日本高等学校教職員組合〈日高教〉（〇六・四・二八）「教育基本法改悪案の国会提出に抗議し、父母・国民のみなさんと力を合わせ廃案をめざします（声明）」

日本教職員組合〈日教組〉（〇六・五・一三）「教育基本法「政府法案」に反対する日教組見解」

全国大学高専教職員組合中央執行委員会〈全大教〉（〇六・五・一四）「改憲への道につながる教育基本法改悪に反対し、国会での廃案を求める」

日本私立大学教職員組合連合中央執行委員会〈日本私大教連〉（〇六・五・一七）「教育基本法「改正法案」の徹底審議を通じた廃案を強く求める声明」

連合第八回中央執行委員会〈連合〉（〇六・五・一八）「教育基本法に対する連合の議論経過と国会審議に対する対応について」

東京地区私立大学教職員組合連合中央執行委員会〈東京私大教連〉（〇六・五・一九）「私大教職員教育基本法改悪法案の廃案を求めます」

私立大学・短大教職員組合（〇六・六・一二）「教育基本法案の廃案を強く求める緊急アピール」

全国私立学校教職員組合連合中央執行委員会〈全国私教連〉（〇六・六・一九）「私学の自由を奪う教育基本法の改悪に反対し、公教育は公費で、教育費無償を実現しよう！」

B　市民団体

教育基本法全国ネットワーク・山田功事務局長（〇六・四・一三）「〈緊急アピール〉教育を「子どものため」から「国家のため」に変えてはならない　与党の教育基本法「改正」案から「命令と強制の教育復活」が見えます」

教育基本法の改悪をとめよう！全国連絡会・大内裕和、小森陽一、高橋哲哉、三宅晶子（呼びかけ人）（〇六・四・二六）「緊急アピール　教育基本法の基本理念を否定する教育基本法「改正」に反対する　与党教育基本法改正に関する協議会「最終報告」案の問題点」

子どもと教科書全国ネット21・俵義文事務局長（〇六・四・二八）「【談話】政府の教育基本法改悪法案の国会上程に抗議する！」

教育基本法全国ネットワーク（〇六・四・三〇）「〈緊急アピール〉教育基本法「改正」法案の国会提出に対し、抗議の声をいますぐに　教育基本法「改正」案は、国家が教育に介入する時代への大転換」

教育基本法の改悪をとめよう！　全国連絡会（〇六・六・二）「教育基本法の基本理念を否定する民主党「日本国教育基本法案」」

ＤＣＩ日本支部（〇六・六・？）「教基法改悪に反対するＤＣＩアピール　お国のための教育は、子どもの権利条約違反」

平和・人権・民主主義の教育の危機に立ち上がる会（〇六・？）「国会上程の撤回を求める「教育基本法改正案」は認められない」

C　民間教育研究団体

国民教育文化総合研究所運営委員会（〇六・四・一七）「ＡＰＰＥＡＬ　与党教育基本法改正に関する協議会「教育基本法に盛り込むべき項目と内容について（最終報告）」（〇六・四・一三）その内容と問題点」

歴史教育者協議会常任委員会（〇六・五・一一）「教育への不当な国家介入をねらう「教育基本法改正案」の廃案を要求する」

教育科学研究会常任委員会（〇六・五・一二）「〈声明〉教育基本法の「改正」に反対する」

全国生活指導研究協議会常任委員会（〇六・五・一四）「緊急声明　教育基本法改悪に反対し、『改正』案の廃案を求めます」

数学教育協議会常任幹事会（〇六・五・一五）「教育基本法「改正」に反対する」
全国障害者問題研究会常任委員会（〇六・五・一八）「〈声明〉教育基本法の「改正」に反対します」
社会教育推進全国協議会（〇六・五・二七）「社会教育の国家統制に反対し、教育基本法改正案の廃案を求める声明」
地域民主教育全国交流研究会（〇六・五・二七）「声明　教育基本法改正法案に反対する」

D　法曹団体

日本弁護士連合会・平山正剛会長（〇六・四・二五）「会長声明　教育基本法改正法案の今国会上程について慎重な取扱いを求める会長声明」
自由法曹団（〇六・五・一一）「教育基本法「改正」法案の国会提出に抗議し同法の改悪に反対する声明」

E　その他

教育と文化を世界に開く会関係者（〇六・四・一四）「〈緊急声明〉与党が密室で協議した教育基本法「改正」案の上程に反対する」
教育基本法「改正」問題研究会（〇六・四・二二）「アピール」
日本科学者会議第三七回定期大会（〇六・五・二八）「現行教育基本法の維持を求める」
日本会議総会（〇六・六・一八）「総会決議　私たち日本会議は、与党案に対し、次の三つの修正を求めます」

教育改革国民会議報告「教育を変える一七の提案」〈抜粋〉

平成一二年一二月二二日

はじめに

教育改革国民会議は、内閣総理大臣のもと、平成十二年三月に発足し、この度報告を取りまとめた。私たちは以下の一七の提案について、速やかにその実施のための取組がなされることを強く希望する。

人間性豊かな日本人を育成する

○ 教育の原点は家庭であることを自覚する
○ 学校は道徳を教えることをためらわない
○ 奉仕活動を全員が行うようにする
○ 問題を起こす子どもへの教育をあいまいにしない
○ 有害情報等から子どもを守る

一人ひとりの才能を伸ばし、創造性に富む人間を育成する

○ 一律主義を改め、個性を伸ばす教育システムを導入する
○ 記憶力偏重を改め、大学入試を多様化する
○ リーダー養成のため、大学・大学院の教育・研究機能を強化する
○ 大学にふさわしい学習を促すシステムを導入する
○ 職業観、勤労観を育む教育を推進する

新しい時代に新しい学校づくりを

○ 教師の意欲や努力が報われ評価される体制をつくる
○ 地域の信頼に応える学校づくりを進める
○ 学校や教育委員会に組織マネジメントの発想を取り入れる
○ 授業を子どもの立場に立った、わかりやすく効果的なものにする
○ 新しいタイプの学校（〝コミュニティ・スクール〟等）

の設置を促進する
教育振興基本計画と教育基本法
○　教育施策の総合的推進のための教育振興基本計画を
○　新しい時代にふさわしい教育基本法を

5　教育施策の総合的推進のための教育振興基本計画を

教育改革を着実に実行するには、教育改革に関する基本的な方向を明らかにするとともに、教育施策の総合的かつ計画的な推進を図るため、科学技術基本計画や男女共同参画基本計画のように、教育振興基本計画を策定する必要がある。

基本計画では、教育改革の推進に関する方針などの基本的方向を示すとともに、具体的な項目を挙げ、それぞれにつき、整備・改善の目標や具体的な実施方策についての計画を策定する。具体的な項目としては、例えば、①人間性豊かな日本人の育成の視点からは、生涯学習、社会教育、幼児教育、家庭教育、体験学習、学校での奉仕活動、芸術・文化教育、スポーツなど、②創造性に富む人間やリーダー育成の視点からは、中高一貫校、大学の施設等の教育・研究基盤整備、プロフェッショナル・スクールや研究者養成型などの大学院整備、若手研究者及び研究支援者の養成・確保、科学研究費、奨学金、私学振興助成など、③新しい学校づくりの視点からは、IT教育、英語教育、環境教育、健康教育、障害のある子どものための教育、科学教育及び職業教育、公立学校の教職員配置、教員の研修、公立学校の施設整備、私学振興助成など、④グローバル化に対応した教育の視点からは、海外子女教育、学生・生徒・教員など教育のあらゆる分野の国際交流、留学生支援などが考えられる。

過去の教育改革においても、「教育は社会の基盤」「最も基本的社会資本である教育・研究に積極的に投資すべき」と幾度となく言われてきた。少子化が急激に進展し、21世紀は知識社会と言われる中、教育への投資を国家戦略として真剣に考えなければならない。

教育への投資を惜しんでは、改革は実行できない。教育改革を実行するための財政支出の充実が必要であり、目標となる指標の設定も考えるべきである。この場合、重要なことは、旧態依然とした組織や効果の上がっていない施策をそのまま放置して、貴重な税金をつぎ込むべきではないということである。計画の作成段階及び実施後に厳格な評価を実施し、評価に基づき削るべきは削り、改革に積極的なところへより多くの財政支援が行われるようにする。さらに、納税者に対して、教育改革のために税金がどのように使われ、どのように成果が上がっているのかについて、積極的に情報を公開するようにする。

6　新しい時代にふさわしい教育基本法を

日本の教育は、戦後五〇年以上にわたって教育基本法のもとで進められてきた。この間、教育は著しく普及し、教育水準は向上し、我が国の社会・経済の発展に貢献してきた。しかしながら、教育基本法制定時と社会状況は大きく変化し、教育の在り方そのものが問われていることも事実である。このような状況を踏まえ、私たちは、次代を託する子どもたちが、夢や志を持てるような新しい教育のあるべき姿について考え、具体的な対応策を提言してきた。それとあわせて、教育基本法についても、新しい時代の教育の基本像を示すものとなるよう率直に論議した。

これからの時代の教育を考えるに当たっては、個人の尊厳や真理と平和の希求など人類普遍の原理を大切にするとともに、情報技術、生命科学などの科学技術やグローバル化が一層進展する新しい時代を生きる日本人をいかに育成するかを考える必要がある。そして、そのような状況の中で、日本人としての自覚、アイデンティティーを持ちつつ人類に貢献するということからも、我が国の伝統、文化など次代の日本人に継承すべきものを尊重し、発展させていく必要がある。そして、その双方の視野から教育システムを改革するとともに、基本となるべき教育基本法を考えていくことが必要である。このような立場から、新しい時代にふさわしい教育基本法には、次の三つの観点が求められるであろう。

第一は、新しい時代を生きる日本人の育成である。この観点からは、科学技術の進展とそれに伴う新しい生命倫理観、グローバル化の中での共生の必要性、環境の問題や地球規模での資源制約の顕在化、少子高齢化社会や男女共同参画社会、生涯学習社会の到来など時代の変化を考慮する必要がある。また、それとともに新しい時代における学校教育の役割、家庭教育の重要性、学校、家庭、地域社会の連携の明確化を考慮することが必要である。

第二は、伝統、文化など次代に継承すべきものを尊重し、発展させていくことである。この観点からは、自然、伝統、文化の尊重、そして家庭、郷土、国家などの視点が必要である。宗教教育に関しては、宗教を人間の実存的な深みに関わるものとして捉え、宗教が長い年月を通じて蓄積してきた人間理解、人格陶冶の方策について、もっと教育の中で考え、宗教的な情操を育むという視点から議論する必要がある。

第三は、これからの時代にふさわしい教育を実現するために、教育基本法の内容に理念的事項だけでなく、具体的方策を規定することである。この観点からは、教育に対する行財政措置を飛躍的に改善するため、他の多くの基本法と同様、教育振興基本計画策定に関する規定を設けることが必要である。

これら三つの観点は、新しい時代の教育基本法を考える際の観点として重要なものであり、今後、教育基本法の見直しを議論する上において欠かすことのできないものであると考える。

新しい時代にふさわしい教育基本法については、教育改革国民会議のみならず、広範な国民的論議と合意形成が必要である。今後、国民的な論議が広がることを期待する。政府においても本報告の趣旨を十分に尊重して、教育基本法の見直しに取り組むことが必要である。その際、教育基本法の改正の議論が国家至上主義的考え方や全体主義的なものになってはならないことは言うまでもない。

新しい時代にふさわしい教育基本法と教育振興基本計画の在り方について
（中央教育審議会　答申の概要）

二〇〇三年三月二〇日

第１章　教育の課題と今後の教育の基本方向について

１　教育の現状と課題

○　我が国社会は大きな危機に直面。自信喪失感や閉塞感の広がり、倫理観や社会的使命感の喪失、少子高齢化による社会の活力低下、経済停滞の中での就職難。
　このような危機を脱するため、政治、行政、司法、経済構造等の抜本的改革が進行。創造性と活力に満ち、世界に開かれた社会を目指し、教育も諸改革と軌を一にする大胆な見直し・改革が必要。

○　教育は危機的な状況に直面。青少年が夢を持ちにくく、規範意識や道徳心、自律心が低下。いじめ、不登校、中途退学、学級崩壊が依然として深刻。青少年の凶悪犯罪が増加。家庭や地域の教育力が不十分で、家族や友人への愛情をはぐくみ、豊かな人間関係を築くことが困難な状況。初等中等教育段階から高等教育段階まで学ぶ意欲が低下。初等中等教育における「確かな学力」の育成と、大学・大学院における基礎学力、柔軟な思考力・創造力を有する人材の育成、教育研究を通じた社会貢献が課題。

○　この半世紀の間、我が国社会も国際社会も大きく変化。国民意識も変容を遂げ、教育において重視すべき理念も変化。

○ 直面する危機の打破、新しい時代にふさわしい教育の実現のため、教育の在り方の根本までさかのぼり、普遍的な理念は大切にしつつ、今後重視すべき理念の明確化が必要。その新しい基盤に立ち、各教育分野にわたる改革が必要。

2　21世紀の教育が目指すもの

○「21世紀を切り拓く心豊かでたくましい日本人の育成」を目指すため、これからの教育は、以下の五つの目標の実現に取り組むことが必要。
① 自己実現を目指す自立した人間の育成
② 豊かな心と健やかな体を備えた人間の育成
③「知」の世紀をリードする創造性に富んだ人間の育成
④ 新しい「公共」を創造し、21世紀の国家・社会の形成に主体的に参画する日本人の育成
⑤ 日本の伝統・文化を基盤として国際社会を生きる教養ある日本人の育成

3　目標実現のための課題

○ 教育関連法制の見直しにまでさかのぼった改革の中で、教育の諸制度・諸施策の見直しとともに、具体の施策を総合的、体系的に位置付ける教育振興基本計画の策定による実効性ある改革が必要。
○ 教育は未来への先行投資であり、教育への投資を惜しまず、必要な施策を果断に実行することが必要。

第2章　新しい時代にふさわしい教育基本法の在り方について

1　教育基本法改正の必要性と改正の視点

○ 現行法の「個人の尊厳」「人格の完成」「平和的な国家及び社会の形成者」などの理念は今後も大切。
○ 21世紀を切り拓く心豊かでたくましい日本人の育成を目指す観点から、重要な教育の理念や原則を明確にするため、教育基本法を改正する。

① 信頼される学校教育の確立
② 「知」の世紀をリードする大学改革の推進
③ 家庭の教育力の回復、学校・家庭・地域社会の連携・協力の推進
④ 「公共」に主体的に参画する意識や態度の涵養
⑤ 日本の伝統・文化の尊重、郷土や国を愛する心と国際社会の一員としての意識の涵養
⑥ 生涯学習社会の実現
⑦ 教育振興基本計画の策定

2 具体的な改正の方向

教育基本法関係条文	改正の方向
■ 前文 われらは、さきに、日本国憲法を確定し、民主的で文化的な国家を建設して、世界の平和と人類の福祉に貢献しようとする決意を示した。この理想の実現は、根本において教育の力にまつべきものである。 われらは、個人の尊厳を重んじ、真理と平和を希求する人間の育成を期するとともに、普遍的にしてしかも個性ゆたかな文化の創造をめざす教育を普及徹底しなければならない。 ここに、日本国憲法の精神に則り、教育の目的を明示して、新しい日本の教育の基本を確立するため、この法律を制定する。	(前文) ○ 教育理念を宣明し、教育の基本を確立する教育基本法の重要性を踏まえて、その趣旨を明らかにするために引き続き前文を置くことが適当。 ○ 法制定の目的、法を貫く教育の基調など、現行法の前文に定める基本的な考え方については、引き続き規定することが適当。 (教育の基本理念) ○ 教育は人格の完成を目指し、心身ともに健康な国民の育成を期して行われるものであるという現行法の基本理念を引き続き規定することが適当。

■教育の基本理念

第一条（教育の目的） 教育は、人格の完成をめざし、平和的な国家及び社会の形成者として、真理と正義を愛し、個人の価値をたつとび、勤労と責任を重んじ、自主的精神に充ちた心身ともに健康な国民の育成を期して行われなければならない。

第二条（教育の方針） 教育の目的は、あらゆる機会に、あらゆる場所において実現されなければならない。この目的を達成するためには、学問の自由を尊重し、実際生活に即し、自発的精神を養い、自他の敬愛と協力によつて、文化の創造と発展に貢献するように努めなければならない。

（新たに規定する理念）

○ 法改正の全体像を踏まえ、新たに規定する理念として、以下の事項について、その趣旨を前文あるいは各条文に分かりやすく簡潔に規定することが適当。

・個人の自己実現と個性・能力、創造性の涵養
・感性、自然や環境とのかかわりの重視
・社会の形成に主体的に参画する「公共」の精神、道徳心、自律心の涵養
・日本の伝統・文化の尊重、郷土や国を愛する心と国際社会の一員としての意識の涵養
・生涯学習の理念
・時代や社会の変化への対応
・職業生活との関連の明確化
・男女共同参画社会への寄与

教育の機会均等

第三条（教育の機会均等） すべて国民は、ひとしく、その能力に応ずる教育を受ける機会を与えられなければならないものであつて、人種、信条、性別、社会的身分、経済的地位又は門地によつて、教育上差別されない。

② 国及び地方公共団体は、能力があるにもかかわらず、経済的理由によつて修学困難な者に対して、奨学の方法を講じなければならない。

○ 教育の機会均等の原則、奨学の規定は、引き続き規定することが適当。

義務教育

第四条（義務教育）　国民は、その保護する子女に、九年の普通教育を受けさせる義務を負う。

②　国又は地方公共団体の設置する学校における義務教育については、授業料は、これを徴収しない。

〇　義務教育期間九年間、義務教育の授業料無償の規定は、引き続き規定することが適当。

男女共学

第五条（男女共学）　男女は、互に敬重し、協力し合わなければならないものであつて、教育上男女の共学は、認められなければならない。

〇　男女共学の趣旨が広く浸透し、性別による制度的な教育機会の差異もなくなっており、「男女の共学は認められなければならない」旨の規定は削除することが適当。

学校、教員

第六条（学校教育）　法律に定める学校は、公の性質をもつものであつて、国又は地方公共団体の外、法律に定める法人のみが、これを設置することができる。

②　法律に定める学校の教員は、全体の奉仕者であつて、自己の使命を自覚し、その職責の遂行に努めなければならない。このためには、教員の身分は、尊重され、その待遇の適正が、期せられなければならない。

（学校）

〇　学校の基本的な役割について、教育を受ける者の発達段階に応じて、知·徳·体の調和のとれた教育を行うとともに、生涯学習の理念の実現に寄与するという観点から簡潔に規定することが適当。その際、大学・大学院の役割及び私立学校の役割の重要性を踏まえて規定することが適当。

〇　学校の設置者の規定については、引き続き規定することが適当。

	（教員） ○ 学校教育における教員の重要性を踏まえて、現行法の規定に加えて、研究と修養に励み、資質向上を図ることの必要性について規定することが適当。

家庭教育

	○ 家庭は、子どもの教育に第一義的に責任があることを踏まえて、家庭教育の役割について新たに規定することが適当。 ○ 家庭教育の充実を図ることが重要であることを踏まえて、国や地方公共団体による家庭教育の支援について規定することが適当。

社会教育

第七条（社会教育）　家庭教育及び勤労の場所その他社会において行われる教育は、国及び地方公共団体によつて奨励されなければならない。 ②　国及び地方公共団体は、図書館、博物館、公民館等の施設の設置、学校の施設の利用その他適当な方法によつて教育の目的の実現に努めなければならない。	○ 社会教育は国及び地方公共団体によって奨励されるべきであることを引き続き規定することが適当。 ○ 学習機会の充実等を図ることが重要であることを踏まえて、国や地方公共団体による社会教育の振興について規定することが適当。

学校・家庭・地域社会の連携・協力

	○ 教育の目的を実現するため、学校・家庭・地域社会の三者の連携・協力が重要であり、その旨を規定することが適当。

国家・社会の主体的な形成者としての教養

第八条（政治教育）良識ある公民たるに必要な政治的教養は、教育上これを尊重しなければならない。 ② 法律に定める学校は、特定の政党を支持し、又はこれに反対するための政治教育その他政治的活動をしてはならない。	○ 自由で公正な社会の形成者として、国家・社会の諸問題の解決に主体的にかかわっていく意識や態度を涵養することが重要であり、その旨を適切に規定することが適当。 ○ 学校における特定の党派的政治教育等の禁止については、引き続き規定することが適当。

宗教に関する教育

第九条（宗教教育）宗教に関する寛容の態度及び宗教の社会生活における地位は、教育上これを尊重しなければならない。 ② 国及び地方公共団体が設置する学校は、特定の宗教のための宗教教育その他宗教的活動をしてはならない。	○ 宗教に関する寛容の態度や知識、宗教の持つ意義を尊重することが重要であり、その旨を適切に規定することが適当。 ○ 国公立学校における特定の宗教のための宗教教育や宗教的活動の禁止については、引き続き規定することが適当。

国・地方公共団体の責務

第十条（教育行政）教育は、不当な支配に服することなく、国民全体に対し直接に責任を負つて行われるべきものである。	○ 教育は不当な支配に服してはならないとする規定は、引き続き規定することが適当。

② 教育行政は、この自覚のもとに、教育の目的を遂行するに必要な諸条件の整備確立を目標として行われなければならない。	○ 国と地方公共団体の適切な役割分担を踏まえて、教育における国と地方公共団体の責務について規定することが適当。
第十一条（補則）　この法律に掲げる諸条項を実施するために必要がある場合には、適当な法令が制定されなければならない。	○ 教育振興基本計画の策定の根拠を規定することが適当。

第３章　教育振興基本計画の在り方について

１　教育振興基本計画策定の必要性

○ 教育の基本理念や原則の再構築とともに、具体的な教育制度の改善と施策の充実とがあいまって、初めて実効ある教育改革が実現。このため、教育の根本法である教育基本法に根拠を置く教育振興基本計画を策定することが必要。

○ 計画に盛り込むべき具体的施策については、今後、本審議会の関係分科会等において、より専門的な立場から検討を行う。教育基本法改正後、関係府省が協力して、政府全体として速やかに教育振興基本計画を策定することを期待。

２　教育振興基本計画の基本的考え方

(1)　計画期間と対象範囲

○ 計画期間は、おおむね五年間とすることが適当。計画の対象範囲は、原則として教育に関する事項とし、学術、スポーツ、文化芸術教育等の推進に必要な事項も含む。

(2)　これからの教育の目標と教育改革の基本的方向

○ 教育振興基本計画では、教育の目標と、その達成のための教育改革の基本的方向を明らかにすることが必要。

(3) 政策目標の設定及び施策の総合化・体系化と重点化

○ 計画には、国民に分かりやすい具体的な政策目標・施策目標を明記するとともに、施策の総合化・体系化、重点化に努めることが必要。

(計画に位置付ける基本的な教育条件整備の例)
・「確かな学力」の育成
・良好な教育環境の確保
・教育の機会均等の確保
・私学における教育研究の振興
・良好な就学前教育環境の整備

(考えられる政策目標等の例)
・全国的な学力テストを実施し、その評価に基づいて学習指導要領の改善を図る
・いじめ、校内暴力などの「五年間で半減」を目指す
・子どもの体力や運動能力を上昇傾向に転じさせることを目標に、体力向上を推進する
・TOEFLなどの客観的な指標に基づく世界平均水準の英語力を目指す
・安易な卒業をさせないよう学生の成績評価を厳格化する

(4) 計画の策定、推進に際しての必要事項

○ 教育は、個人の生涯を幸福で実りあるものにする上で必須であると同時に、我が国の存立基盤を構築するもの。計画に定められた施策の着実な推進と、教育投資の質の向上を図り、投資効果を高め、その充実を図ることが重要。
○ 教育における地方分権、規制改革を一層推進するとともに、国・地方公共団体が責任を負うべき施策を明確にした上で、相互の連携・協力が必要。また、行政と民間との適切な役割分担、連携・協力にも配慮が必要。
○ 政策評価を定期的に実施し、その結果を計画の見直しや次期計画に適切に反映することが必要。また、評価結果の積極的な公開が必要。

教育基本法に盛り込むべき項目と内容について（中間報告）

与党教育基本法改正に関する協議会（平成一六年六月一六日）

与党教育基本法改正に関する検討会においては、これまで教育基本法に盛り込むべき項目及び内容について検討を深めてきた。検討にあたっては、次の四点を前提としてきた。

① 教育基本法の改正法案は、議員立法ではなく、政府提出法案であること

② 改正方式については、一部改正ではなく、全部改正によること

③ 教育基本法は、教育の基本的な理念を示すものであって、具体的な内容については他の法令に委ねること

④ 簡潔明瞭で、格調高い法律を目指すこと

教育基本法に盛り込むべき項目については、次のようにした。

○ 前文	○ 家庭教育
○ 教育の目的	○ 幼児教育
○ 教育の目標	○ 学校教育
○ 教育の機会均等	○ 義務教育
○ 生涯学習社会への寄与	○ 大学教育
○ 家庭・学校・地域の連携協力	○ 私立学校教育の振興
○ 教員	○ 教育行政
○ 社会教育	○ 補則
○ 政治教育	○ 教育振興基本計画
○ 宗教教育	

各項目に盛り込むべき内容については、現時点でのとりまとめは別紙のとおりである。

なお、それぞれの項目及び内容については、

・現行法前文中の「憲法の精神に則り」の扱いについて
・国を愛する心について
・宗教教育及び宗教的情操の内容と扱いについて
・義務教育制度について、特にその年限の扱いについて
・中等教育の意味と高等学校、大学の位置づけ
・職業教育について
・幼児教育と家庭教育について
・教育における国と地方の役割について
・私学振興と憲法第89条とのかかわりについて

・教育行政における「不当な支配に服することなく」について
・学校教育における学習者の責務について
などの論点があり、さらに検討を要するものである。

別紙

前文

○ 法制定の背景、教育の目指す理想、法制定の目的

教育の目的

○ 教育は、人格の完成を目指し、心身ともに健康な国民の育成を目的とすること。

教育の目標

○ 教育は、教育の目的の実現を目指し、以下を目標として行われるものであること。

① 真理の探究、豊かな情操と道徳心の涵養、健全な身体の育成

② 一人一人の能力の伸長、創造性、自主性と自律性の涵養

③ 正義と責任、自他・男女の敬愛と協力、公共の精神を重視し、主体的に社会の形成に参画する態度の涵養

④ 勤労を重んじ、職業との関連を重視

⑤ 生命を尊び、自然に親しみ、環境を保全し、良き習慣を身に付けること

⑥―1 伝統文化を尊重し、郷土と国を愛し、国際社会の平和と発展に寄与する態度の涵養
⑥―2 伝統文化を尊重し、郷土と国を大切にし、国際社会の平和と発展に寄与する態度の涵養

教育の機会均等

○ 国民は、能力に応じた教育を受ける機会を与えられ、人種、信条、性別等によって差別されないこと。

○ 国・地方公共団体は、奨学に関する施策を講じること。

生涯学習社会への寄与

○ 教育は、学問の自由を尊重し、生涯学習社会の実現を期して行われること。

家庭・学校・地域の連携協力

○ 教育は、家庭、学校、地域等の連携協力のもとに行われること。

家庭教育

○ 家庭は、子育てに第一義的な責任を有するものであり、親は子の健全な育成に努めること。国・地方公共団体は、家庭教育の支援に努めること。

幼児教育

○ 幼児教育の重要性にかんがみ、国・地方公共団体はその振興に努めること。

学校教育

○ 学校は、国・地方公共団体及び法律に定める法人が設置

できること。

○　学校は、教育の目的・目標を達成するため、各段階の教育を行うこと。

○　規律を守り、真摯に学習する態度は、教育上重視されること。

義務教育

○　義務教育は、人格形成の基礎と国民としての素養を身につけるために行われ、国民は子に、別に法律に定める期間、教育を受けさせる義務を負うこと。

○　国・地方公共団体は、義務教育の実施に共同して責任を負い、国・公立の義務教育諸学校の授業料は無償とすること。

大学教育

○　大学は、高等教育・学術研究の中心として、教養の修得、専門の学芸の教授研究、専門的職業に必要な学識と能力を培うよう努めること。

私立学校教育の振興

○　私立学校は、建学の精神に基づいて教育を行い、国・地方公共団体はその振興に努めること。

教員

○　教員は、自己の崇高な使命を自覚して、研究と修養に励むこと。教員の身分は尊重され、待遇の適正と養成・研修の充実が図られること。

社会教育

○　青少年教育、成人教育などの社会教育は、国・地方公共団体によって奨励されるものであり、国・地方公共団体は学習機会の提供等によりその振興に努めること。

政治教育

○　政治に関する知識など良識ある公民としての教養は、教育上尊重されること。

○　学校は、党派的政治教育その他政治的活動をしてはならないこと。

宗教教育

○　宗教に関する寛容の態度と一般的な教養並びに宗教の社会生活における地位は、教育上尊重されること。

○　国・公立の学校は、特定の宗教のための宗教教育その他宗教的活動をしてはならないこと。

教育行政

○　教育行政は、不当な支配に服することなく、国・地方公共団体の相互の役割分担と連携協力の下に行われること。

○　国は、教育の機会均等と水準の維持向上のための施策の策定と実施の責務を有すること。

○　地方公共団体は、適当な機関を組織して、区域内の教育に関する施策の策定と実施の責務を有すること。

教育振興基本計画

○　政府は、教育の振興に関する基本的な計画を定めること。

補則

○　この法律に掲げる諸条項を実施するため、適当な法令が制定されること。

付記

・「教育の目標」中の「国を愛し」「国を大切にし」については、統治機構を愛するという趣旨ではないとの認識で一致した。

・「宗教教育」については、宗教が情操の涵養に果たす役割は教育上尊重されることを盛り込むべきとの意見があった。

・「教育行政」中の「不当な支配に服することなく」については、適切な表現に変えるべきとの認識で一致した。

二〇〇三年三月五日

教育学関連学会の「教育基本法の見直しに対する要望」

文部科学大臣　遠山敦子　殿
中央教育審議会会長　鳥居泰彦　殿

教育学関連学会会長有志（アイウエオ順、二〇〇三年三月三日現在）
奥田　和弘（日本キリスト教教育学会会長、聖和大学教授）
小澤　周三（日本産業教育学会理事長、東京外国語大学名誉教授）
小島　弘道（日本教育経営学会会長、筑波大学教授）
神辺　靖光（全国地方教育史学会会長）
絹川　正吉（大学教育学会会長、国際基督教大学学長）
桑原　敏明（日本教育制度学会会長、昭和女子大学教授）

榊　達雄（日本教育行政学会会長、名古屋大学教授）
柴田義松（日本教育方法学会代表理事、東京大学名誉教授）
島田修一（日本社会教育学会会長、中央大学教授）
清水貞夫（特別なニーズ教育とインテグレーション学会会長、宮城教育大学教授）
竹内登規夫（日本進路指導学会会長、愛知教育大学教授）
津守　眞（日本保育学会会長、お茶の水女子大学名誉教授）
寺﨑昌男（日本教育学会会長、桜美林大学教授）
延岡　繁（日本国際教育学会会長、中部大学教授）
原　聡介（フランス教育学会会長、目白大学教授）
藤井敏彦（日本ペスタロッチー・フレーベル学会会長、広島大学名誉教授）
藤田英典（日本教育社会学会会長、東京大学教授）
藤田昌士（日本生活指導学会代表理事、帝京平成大学教授）
逸見勝亮（教育史学会事務局長、北海道大学教授）
堀尾輝久（日本教育法学会会長、中央大学教授）
嶺井正也（日本教育政策学会会長、専修大学教授）
三浦軍三（日本公民教育学会会長、東京学芸大学教授）
三輪定宣（日本教師教育学会会長、千葉大学教授）
吉野公喜（日本特殊教育学会会長、高知女子大学学長）
米田伸次（日本国際理解教育学会会長、帝塚山学院大学教授）

以上二五名

教育基本法の見直しに対する要望

教育学関連学会は、教育に関する研究者の立場から、中央教育審議会（中教審）の教育基本法見直し論議に強い関心をもち、昨年秋以降、15学会の代表が出席する会議を重ね、十一月十四日の中教審「新しい時代にふさわしい教育基本法と教育振興基本計画の在り方について（中間報告）」発表後の十二月七日には、共同公開シンポジウム「教育基本法改正問題を考える――中教審『中間報告』の検討」を開催しました。また、この問題に対する関連学会の態度表明についても協議してきました。これらの経過を踏まえ、教育学関連学会会長の名においてここに本要望書を提出いたします。

要　望

教育基本法は、第二次世界大戦と日本の敗戦という未曾有の惨禍のなかから、その反省に基づき制定されたものであり、地球時代にふさわしい人類普遍的理念を規定し、戦後の教育や社会の発展の大きな礎となりました。それは、時代や社会の変化を理由に、安易に改正されてはならず、これからの教育に生かすことが求められます。

中教審の教育基本法見直し論議については、例えば、つぎのような幾多の疑問点、問題点が指摘されますので、審議の中止を含め、慎重に審議されるよう要望いたします。

1　国民的合意の欠如

今日、多数の国民が、教育基本法を支持しており、中教審のその見直し動向には強い危機感を抱き、多くの反対声明等も発表されています。教育基本法改正のコンセンサス（国民的合意）は成立していないと判断されます。

2　審議手続きの不備

教育基本法は、憲法と一体的に制定されており、憲法と切り離し、その精神と遊離した改正は、それとの整合性を損ない、教育基本法を変質させるおそれがあります。

教育基本法見直し論議は、首相のたんなる私的諮問機関である教育改革国民会議や中教審の基本問題部会を中心にすすめられていますが、それでは公正、民主的で幅広い審議を期待することは困難です。

3　審議の低調さや偏り

中教審の教育基本法見直しの審議は、基本問題部会の出席状況に示されるように、問題の重要性に照らし、きわめて低調、不十分といわざるをえません。

中間報告に掲げる教育基本法の見直しの理由は、特定の立場の意見が目立ち、教育基本法を評価する意見、その意義や役割に関する専門的知見や学術研究の成果が十分に生かされていません。

4　審議内容への疑問や懸念

今日の教育の危機や困難な諸問題が、教育基本法の改正によって解決できるのか、その根拠や見通しは定かではありません。むしろ、教育基本法第10条が禁止する教育の「不当な支配」が強まるなど、教育のいっそうの危機や困難が懸念されます。政府は、学級規模の改善、教育予算の増額など、実効の期待できる教育条件整備の施策を着実にすすめるべきです。

法律に新たに、「たくましい日本人」「国を愛する心」などの教育目的を規定することは、国民の思想・信条の自由を侵害することになりかねず、憲法違反のおそれがあります。

教育基本法は、21世紀に通用する人類普遍的な教育理念・原則を規定しており、新しい時代や社会の変化には、それを基礎とする新しい法令の制定等により、十分に対応できるものと考えられます。

中間報告の教育振興基本計画は、教育目的を詳細に記述するなど、教育の「不当な支配」となることが懸念されます。

以上

教育学関連15学会共同公開シンポジウム

「教育基本法改正問題を考える」資料集・報告書集　出版物一覧

編集・発行　教育学関連15学会
日本教育学会／教育史学会／大学教育学会／日本教育行政学会
日本教育経営学会／日本教育社会学会／日本教育政策学会
日本教育制度学会／日本教育法学会／日本教育方法学会（第二回より）
日本教師教育学会／日本社会教育学会／日本生活指導学会
日本生涯教育学会（第一回のみ）／日本道徳教育学会／日本比較教育学会

『報告集1　教育基本法改正問題を考える――中教審［中間報告］の検討』（二〇〇三年三月）　五〇〇円
藤田英典：教育基本法改正はいま必要か――「中間報告」の特徴と問題点――
竹内常一：教育の病理と教育基本法
堀尾輝久：「たくましい日本人」の育成と「新しい公共性」
井深雄二：教育振興基本計画と教育改革の手法
質疑討論／開会挨拶／閉会挨拶／関連資料

『報告集2　教育基本法改正問題を考える――教育基本法の今日的意義』（二〇〇三年七月）　五〇〇円
熊谷一乗：今日の教育改革と教育基本法――「新しい時代」と「国」を問う――
島田修一：共生の社会づくりと教育基本法――社会教育の意義を考える――
成嶋　隆：改正問題と教育基本法
質疑討論／開会挨拶／閉会挨拶／関連資料

『報告集3　教育基本法改正問題を考える――中教審答申の検討』（二〇〇三年八月）　五〇〇円
佐藤　学：中教審・教育基本法「改正」案の批判的検討
折出健二：教育基本法「改正」問題と子どもの現実――非行・少年事件からの問いかけ――
藤田昌士：「伝統」と「国を愛する心」とをめぐって
中田康彦：教育振興基本計画と改革手法
村山　裕：〈特別発言〉「改正」問題に関する法曹界のとりくみ
質疑討論／開会挨拶／閉会挨拶／関連資料

『報告集4　教育基本法改正問題を考える――制定過程をめぐる論点と課題』つなん出版刊（二〇〇三年一二月）　一〇五〇円
古野博明：教育基本法の制定過程をめぐる諸問題
杉原誠四郎：教育基本法の制定過程と教育勅語
古関彰一：日本国憲法の制定過程をめぐる論点と課題
質疑討論／開会挨拶／閉会挨拶／関連資料

『報告集5　教育基本法改正問題を考える――教育理念・目的の法定化をめぐる国際比較』つなん出版刊（二〇〇四年三月）　一四七〇円
青木宏治：教育理念・目的の法定化をめぐる問題と論点
荒牧重人：教育理念・目的の法定化と国際教育法
教育理念・目的の法定化めぐる諸外国の状況
　中国：牧野篤／韓国：馬越徹／ロシア：福田誠治／ドイツ：前原健二／フランス：池田賢市
質疑討論／開会挨拶／閉会挨拶／関連資料

『教育基本法改正問題関連資料集　第一集』（二〇〇三年一二月）
0　教育基本法
1　教育基本法「改正」論議の軌跡（略年表）
2　教育改革国民会議における改正論議・提案（関係部分）
3　中央教育審議会（中教審）における改正論議と新聞社説等

4 教育基本法の改正案・改正提言等
5 改正動向への批判等

『教育基本法改正問題資料集　第二集』（二〇〇三年三月）　一〇〇〇円

0 教育基本法
1 中央教育審議会（中教審）における改正論議―『中間報告』以降
(1) 第2期中教審の委員構成
(2) 教育基本法に関する今後の検討課題（第27回総会二〇〇三・二・四）
(3) 総会・基本問題部会議事録および配布資料（抄）
2 中教審基本問題部会ヒアリングへの提出資料（中間報告に対する）
3 中教審「中間報告」に関する新聞社説
4 諸団体の「中間報告」に対する意見など
5 教育学関連学会の「中間報告」に対する声明・要望

『教育基本法改正問題関連資料集　第三集』（二〇〇三年八月）　一〇〇〇円

0 教育基本法
1 中央教育審議会（中教審）「答申」と改正論議
(1) 「新しい時代にふさわしい教育基本法と教育振興基本計画の在り方について」（二〇〇三・三・二〇）
(2) 総会・基本問題部会議事録
(3) 教育改革フォーラム―教育改革の推進と教育基本法の改正について
2 中教審「答申」に関する新聞社説
3 諸団体の「答申」に対する意見など
4 教育基本法（改正）問題に関する文献・資料一覧（一九九五〜二〇〇三）

教育学関連15学会共同公開シンポジウム準備委員会編

『教育基本法改正問題関連資料集　第四集』（二〇〇六年八月）一〇〇〇円

1　教育基本法「改正」論議の軌跡（略年表・二〇〇〇〜二〇〇六）

2　教育基本法改正案と国会論議

（1）教育基本法・教育基本法案（政府）・日本国教育基本法案（民主党）

教育基本法／教育基本法改正案〈政府提出〉／日本国教育基本法案〈民主党提出〉／［参考］現行法・政府案・民主党案の対照表

（2）衆議院本会議・教育基本法に関する特別委員会・会議録

会議一覧・特別委員会委員名簿／衆議院本会議三〇号（抄）／教育基本法特別委員会三号（抄）／教育基本法特別委員会五号（抄）／教育基本法特別委員会一一号（抄）

（3）法案関連資料

政府・文部科学省関係／教育基本法改正推進本部（文部科学省）／与党教育基本法改正に関する協議会／政党

3　教育基本法改正案等に関する新聞社説

（0）教育基本法改正案等に関する新聞社説「見出し」一覧（二〇〇六・四・七〜六・一二）

（1）全国紙

与党協議会最終報告に関する社説　産経新聞／読売新聞／朝日新聞／毎日新聞

政府法案に関する社説　朝日新聞／日本経済新聞／読売新聞／毎日新聞

国会審議に関する社説　産経新聞／読売新聞／毎日新聞

（2）地方紙

与党協議会最終報告に関する社説　河北新報／愛媛新聞／京都新聞／高知新聞／神戸新聞／山陽新聞／信濃毎日新聞／中国新聞／東奥日報／東京新聞・中日新聞／新潟日報／北海道新聞／琉球新報／岐阜新聞／熊本日日新聞／宮崎日日新聞／北國新聞／徳島新聞

政府法案に関する社説　信濃毎日新聞／琉球新報／沖縄タイムス／京都新聞／神奈川新聞／北海道新聞／河北新報

国会審議に関する社説　京都新聞／信濃毎日新聞／東京新聞・中日新聞／新潟日報／北海道新聞／岐阜新聞／中国新聞／北日本新聞／宮崎日日新聞／沖縄タイムス／日本海新聞／愛媛新聞／西日本新聞

(3) 〈補〉政党機関紙

しんぶん赤旗／社会新報／公明新聞

4　諸団体の「改正案」等に対する声明・意見など

(1) 教職員団体等

全日本教職員連盟／全国労働組合総連合・坂内三夫事務局長／全日本教職員組合中央執行委員会／日本高等学校教職員組合／日本教職員組合／全国大学高専教職員組合中央執行委員会／日本私立大学教職員組合連合中央執行委員会／連合第8回中央執行委員会／東京地区私立大学教職員組合連合中央執行委員会／私立大学・短大教職員組合／全国私立学校教職員組合連合中央執行委員会

(2) 市民団体

教育基本法全国ネットワーク・山田功事務局長／教育基本法の改悪をとめよう！全国連絡会・大内裕和、小森陽一、高橋哲哉、三宅晶子、呼びかけ人／子どもと教科書全国ネット21・俵義文事務局長／ＤＣＩ日本支部／平和・人権・民主主義の教育の危機に立ち上がる会

(3) 民間教育研究団体

国民教育文化総合研究所運営委員会／歴史教育者協議会常任委員会／教育科学研究会常任委員会／全国生活指導研究協議会常任委員会／数学教育協議会常任幹事会／全国障害者問題研究会常任委員会／社会教育推進全国協議会／地域民主教育全国交流研究会

(4) 法曹団体

日本弁護士連合会・平山正剛会長／自由法曹団

(5) 教育学関連学会

日本教育法学会・伊藤進会長

(6) その他

教育と文化を世界に開く会関係者／教育基本法「改正」問題研究会／日本科学者会議第三七回定期大会／日本会議総会

5　参考資料

教育改革国民会議報告「教育を変える一七の提案」（抜粋）／中央教育審議会答申「新しい時代にふさわしい教育基本法と教育

振興基本計画の在り方について」（概要）
教育基本法改正促進委員会・起草委員会「新教育基本法案」

6 教育基本法（改正）問題に関する文献・資料一覧（二〇〇三〜二〇〇六）

資料集のお申し込み先：日本教育学会事務局
〒113―0033　東京都文京区本郷2―29―3―3F
電　話：03―3818―2505
FAX：03―3816―6898
E-mail：jsse@oak.ocn.ne.jp
※代金は、冊子到着後に郵便局からご送金下さい。冊子送料、送金手数料はご負担願います。

教育基本法改正問題を考える⑥
教育基本法改正案を問う
――日本の教育はどうなる

2006年10月5日　第1版第1刷発行

教育学関連15学会共同公開シンポジウム準備委員会 編

発行者　田 中 千 津 子　〒153-0064　東京都目黒区下目黒3-6-1
電話　03（3715）1501 ㈹
発行所　株式会社　学 文 社　FAX 03（3715）2012
http://www.gakubunsha.com

印刷　新灯印刷

ISBN4-7620-1595-4